Crónica de un Milagro -
Forjando un Carácter Inquebrantable a través de la Prueba.

Primera edición: 2023
ISBN: 978-958-49-8817-1
ISBN eBook: 978-958-49-8843-0

© *Del texto*
Mónica Esther Ospino Pinedo

© *De esta edición*
S & D Editores, 2023

Impreso en Colombia – Printed in Colombia
Esdiseños Litografía.

DEDICATORIA

A mis hijos y a mis sobrinos, a los que amo de manera entrañable, para que sigan este camino en el que desde niños han sido instruidos, y encuentren siempre en Dios la fortaleza y el valor que necesitan para enfrentar la vida, sin traspasar los principios y valores en los que han sido formados, con la confianza que éste, nuestro Dios, nunca los dejará, ni permitirá que sean avergonzados y que, llegado el momento de tomar la antorcha de la fe en el Señor Jesucristo, puedan hacerlo con valentía, de tal manera que se mantenga encendida de generación en generación.

CONTENIDO

DÍA 1 - Primeros síntomas

Desperté, como de costumbre, con mi alarma de las 4:30 am, para iniciar mi rutina diaria. Realicé mi oración personal, batallando con el sueño y el cansancio para no quedarme dormida mientras intentaba orar y conectarme con mi Dios, y mi Señor. Tal vez por costumbre, porque así fui enseñada desde mi adolescencia, por mi abuela paterna y madre espiritual y, consciente de que necesito de mi Padre Celestial cada día, porque sin Él nada puedo hacer, como bien lo dijera el Salmista David, cuando estaba en el desierto de Judá:

"Dios, Dios mío eres tú; de madrugada te buscaré; mi alma tiene sed de ti, mi carne te anhela, en tierra seca y árida donde no hay aguas." Salmos 63:1 RVR1960

Como toda persona activa, inquieta y, hasta podría decir, adicta al trabajo y practicante de la multitarea, a las 5:00 am finalicé mi tiempo de oración personal para unirme a la oración grupal, honrando el pacto realizado con mis hermanos de sangre y mi primo, de conectarnos cada mañana para elevar clamor por nuestras familias y pararnos en la brecha por ellas, con el anhelo optimista y esperanzador de ser una respuesta a la búsqueda de Dios expresada a través del Profeta Ezequiel:

"Y busqué entre ellos hombre que hiciese vallado y que se pusiese en la brecha delante de mí, a favor de la tierra, para que yo no la destruyese; y no lo hallé."
Ezequiel 22:30 RVR1960

Siguiendo el ejemplo de Job, quien sabía que como padre y sacerdote de su hogar, tenía el deber y la autoridad de presentarse delante de Dios y ofrecer holocaustos a favor de sus hijos, para que sus pecados fueran perdonados y pudieran estos alcanzar la misericordia y el perdón de Dios:

> *"Hubo en tierra de Uz un varón llamado Job; y era este hombre perfecto y recto, temeroso de Dios y apartado del mal. Y le nacieron siete hijos y tres hijas. Su hacienda era siete mil ovejas, tres mil camellos, quinientas yuntas de bueyes, quinientas asnas, y muchísimos criados; y era aquel varón más grande que todos los orientales. E iban sus hijos y hacían banquetes en sus casas, cada uno en su día; y enviaban a llamar a sus tres hermanas para que comiesen y bebiesen con ellos. Y acontecía que habiendo pasado en turno los días del convite, Job enviaba y los santificaba, y se levantaba de mañana y ofrecía holocaustos conforme al número de todos ellos. Porque decía Job: Quizá habrán pecado mis hijos, y habrán blasfemado contra Dios en sus corazones. De esta manera hacía todos los días."*
>
> *Job 1:1-5 RVR1960.*

Empezamos el tiempo de oración, clamor e intercesión por nuestras familias, al tiempo que enviaba mis saludos matutinos a todos mis grupos de Whatsapp, junto con un video basado en la reflexión de un versículo de la Biblia.

Finalizó el tiempo de oración e inmediatamente, salí de mi habitación, bajé los tres pisos desde mi alcoba hasta el comedor de mi casa, para desayunar y dar instrucciones para lo que sería el resto del día en mi casa. Sin tiempo para reposar el desayuno, subí nuevamente los tres pisos hasta mi habitación para tomar una ducha y alistarme para salir a mi trabajo.

La mañana transcurrió de manera normal en la oficina. Salí a mediodía para almorzar y regresar en la tarde para una reunión de Consejo de Facultad. Finalizada la reunión retorné a mi casa, ya eran alrededor de las 5:00 pm. Al llegar a casa, como es costumbre en tiempos del COVID-19, lo primero por hacer fue lavarme las manos con abundante agua y jabón.

En ese momento, surgió mi primera expresión de sorpresa, la cual más tarde identificaría como el primer síntoma de mi enfermedad: "¡el agua está helada!". Raro en una ciudad de clima caliente como lo es Cartagena, ubicada en la Costa Norte de Colombia, Suramérica. Casualmente, la empresa suministradora del servicio de agua potable, había anunciado mantenimientos e interrupción en el suministro para ese día. Mi conclusión fue: "el agua regresó más fría de lo acostumbrado".

Extrañada aún por la sensación del agua fría cada vez que lavaba mis manos durante el resto de la tarde y noche, comencé a preguntar a los demás miembros de mi familia si el agua que salía de los grifos la sentían fría. Algunos respondían: "está normal", otros: "sí, está un poco fría". Ante estas respuestas, no hubo signo de alarma para mí, y simplemente llegué a pensar que el agua estaba más fría de lo usual.

A las 6:00 pm me conecté vía videoconferencia para desarrollar una clase de maestría que tenía a mi cargo. La clase se desarrollaba de manera normal. De repente comencé a sentir una molestia en mis ojos. De la nada comenzaron a lagrimear, a tal punto que se cerraban y no me permitían ver la pantalla de mi computador. Me excusé con mis estudiantes para lavar mis ojos con agua. Lo hice y el ardor pasó. Más adelante descubriría que éste era otro síntoma de la enfermedad por la que mi cuerpo estaba atravesando, eran los primeros signos de alarma de una parálisis facial, que hasta el momento pasaba desapercibida para mí.

Sin más, finalizó este primer día de síntomas. Fui a la cama de manera confiada, creyendo en la promesa del Padre:

"En paz me acostaré, y asimismo dormiré; Porque solo tú,
Jehová, me haces vivir confiado."

Salmos 4:8 RVR1960

DÍA 2 - Continuan los síntomas

Llegó el segundo día de mis primeros síntomas. Como de costumbre, al despertar, tomé un poco de agua del vaso que subo a mi mesa de noche. Fue allí cuando un nuevo síntoma apareció: *"¡esta agua está fría! ¡Que raro! Siento el agua como si tuviera menta en mi boca"*, exclamé. En ese momento, comencé a pensar que realmente algo estaba sucediendo en mi cuerpo. ¿Tendré COVID-19? Era la inquietud que rondaba en mi mente.

De allí en adelante y hasta el mediodía todo transcurrió de manera normal, de acuerdo con mi rutina diaria. En la tarde debía asistir a un acto protocolario de la universidad. Cuando llegué al lugar del evento, debía bajar unas escaleras para ingresar. Fue en ese momento en que un nuevo síntoma apareció. Al intentar bajar el primer escalón, mi pierna izquierda flaqueó. Logré mantener el equilibrio, al tiempo que saludaba a un compañero de trabajo que también llegaba al evento.

En cuanto mi compañero vio que yo iba a bajar las escaleras, se devolvió apresuradamente y, de manera muy caballerosa, me extendió su mano para ayudarme a bajar. En ese momento no entendía lo que estaba sucediendo en mi cuerpo y tampoco era consciente del cuidado que Dios estaba teniendo por mí.

Al meditar posteriormente sobre esta escena, podía ver la fidelidad y el amor de Dios hacia sus hijos que lo mueven a cumplir su palabra a favor nuestro:

"Pues a sus ángeles mandará acerca de ti, Que te guarden en todos tus caminos. En las manos te llevarán, Para que tu pie no tropiece en piedra."
Salmos 91:11-12 RVR1960

Ese profesor, en ese momento, era el ángel que Dios había enviado a estar cerca de mí, para que me llevara en sus manos, de tal manera que mi pie no tropezara en piedra, lo cual me hizo recordar el mensaje de un reconocido misionero y entrenador de baloncesto, Coach JD Mayo, un domingo en nuestra iglesia, FCOP Colombia, en Cartagena: *"there are angels with skin"* (existen ángeles con piel).

Finalizado el acto protocolario, regresé a mi casa, sintiendo una sensación extraña en mi cuerpo, pero sin descifrar qué me estaba aconteciendo. A los pocos minutos de estar en mi casa, recibí la llamada de mi padre, informándome que una pastora anciana amiga había fallecido. Las honras fúnebres serían al día siguiente en la mañana en un municipio a una hora y 20 minutos aproximadamente de camino desde mi residencia.

"Yo asistiré en representación de la familia", fue mi respuesta. Teniendo en cuenta que mis padres se encontraban en una ciudad a seis horas de camino y mis hermanos tenían ocupaciones diversas.

Finalizó el segundo día y mi cuerpo no se sentía como de costumbre. Muy en el interior yo sabía que algo no estaba bien. No obstante, ignoraba lo que era. Fui a descansar, nuevamente, de manera confiada.

DÍA 3 - Primer contacto médico

Amaneció el tercer día, con el compromiso de asistir a las honras fúnebres de la pastora anciana. Comenté a mi esposo:

"No me siento, bien. No sé qué tengo, pero no me siento bien. No obstante, debemos ir al funeral. Apresurémonos para no llegar tarde".

Llegamos al pequeño municipio, a la humilde vivienda de la pastora y luego de saludar a sus hijas y dar las condolencias, le dije a mi esposo: *"Necesito sentarme; me siento cansada; me duelen las piernas; no creo poder resistir mucho tiempo de pie; me siento un poco débil".*

Fue así como tomé una silla y me senté en la sala de la casa. Inició el servicio funeral y le dije a mi esposo: *"Me quedaré sentada en la terraza de la casa. No me siento en condiciones físicas para entrar en la iglesia y estar rodeada de muchas personas. Pienso que me podría desmayar".*

Transcurría el tiempo y yo seguía sentada en la terraza, mientras el servicio fúnebre se desarrollaba en la iglesia, justo en la edificación contigua. A las dos horas y media de haber llegado, expresé a mi esposo: *"Quiero regresar a casa; no me siento bien; estoy cansada y débil. Además, tenemos la actividad de los niños en la iglesia en la tarde y me gustaría descansar un poco antes de salir para allá."* cansar, nuevamente, de manera confiada.

Nos levantamos, nos despedimos y sin más, subimos a nuestro vehículo, para retornar a nuestro hogar. Llegamos a casa y apenas pude probar bocado. Sentía que la comida no podía pasar bien por mi garganta. Más tarde entendería, que éste era un nuevo síntoma de la enfermedad que posteriormente me diagnosticarían, la cual iba avanzando en mi organismo, la parálisis seguía avanzando.

Subimos a nuestra habitación, descansamos tal vez cuarenta minutos y nos levantamos para cumplir con nuestro siguiente compromiso: el evento evangelístico para niños en la iglesia. Debíamos ir y llevar las cajas sorpresas que se le entregarían a los, aproximadamente, ochenta niños, cuya asistencia estaba confirmada. Una actividad que me encanta, y que por dos años, debido a la pandemia de COVID-19, no se había podido realizar. ¡No podía faltar!

Con la fuerza de voluntad y el amor por la obra del Señor que creo que siempre me ha caracterizado me llené de fortaleza para asistir al evento. Una vez en la iglesia, mi hermano menor me preguntó qué tenía, pues notó que no estaba bien de salud. Comencé a relatarle todos los síntomas que hasta el momento había identificado y cómo me sentía.

Mi hermano me dijo: *"Moni, creo que te debes ir para la casa y descansar. La actividad aquí en la iglesia está organizada. Vamos, yo te llevo".* Con dolor profundo en mi corazón y con, tal vez, un poco de vergüenza con las maestras de niños, accedí a su consejo y regresé a casa con él. En el camino, me preguntó si me gustaría que llamara a un médico amigo. Mi respuesta fue afirmativa. Lo llamó y le expliqué mis síntomas y se comprometió a pasar al día siguiente por mi residencia para valorarme.

El resto de la tarde y noche lo pasé en mi habitación, en mi cama sin ánimo para comer, para hablar, para ver televisión, ni para nada. Peor aún, sin entender qué me estaba aconteciendo, pero siempre confiando en el amor tierno y cuidado de Dios. Creyendo que Él siempre está al control de la vida de sus hijos.

"Y no temáis a los que matan el cuerpo, mas el alma no pueden matar; temed más bien a aquel que puede destruir el alma y el cuerpo en el infierno. ¿No se venden dos pajarillos por un cuarto? Con todo, ni uno de ellos cae a tierra sin vuestro Padre. Pues aun vuestros cabellos están todos contados. Así que, no temáis; más valéis vosotros que muchos pajarillos."
S. Mateo 10:28-31 RVR1960

DÍA 4 - Nuevos síntomas

Llegó el cuartó día de este viaje. *"¡Mis piernas, me duelen mucho!"*, fue mi primera expresión al despertar. *"¡Tengo un dolor terrible de piernas! Ven y ayúdame a hacer mis ejercicios de estiramiento, por favor"*, dije a mi esposo en ese momento. Doblegando el fuerte dolor de piernas, me senté en mi cama y luego me acosté, en posición contraria a la que estaba, para poder hacer dichos ejercicios.

Realizados los ejercicios, salté de mi cama para seguir con mi rutina de domingo: día del Señor, día de Escuela Dominical, día de ir a la iglesia y adorar, como bien lo dijera el Salmista David en su cántico gradual:

> *"Yo me alegré con los que me decían: A la casa de Jehová iremos."* Salmos 122:1 RVR1960

Ese día en la iglesia tenía asignada la enseñanza. Desde hacía varios domingos venía enseñando una serie basada en el Fruto del Espíritu Santo. No obstante, durante esa semana, sentí que el Señor me habló y me dio una Escritura (Números 10: 11-36) y un tema diferente para enseñar (*El Modelo Bíblico de Avance y Conquista*). De manera muy rápida, el día martes de esa semana había estructurado, el bosquejo del mensaje, al que titulé: *"En Búsqueda del Tesoro Perdido"*.

Recuerdo que dije a mi esposo esa mañana: *"No creo poder dar el mensaje de pies; me siento muy débil y las piernas me duelen mucho; no resistiría estar todo ese tiempo de pies. ¿Podrías por favor disponer la cámara para la transmisión de tal manera que yo esté sentada?"*

En dicho mensaje sentí que el Señor quería que hiciera énfasis en que en el Modelo de Avance y Conquista que Él tiene para Su iglesia, se deben separar tiempos para descansar, así como lo hacía el pueblo de Israel en el desierto, guiado por Moisés,.

El ítem 5 del bosquejo de mi mensaje para ese domingo era textualmente: ***"En ese proceso de avance hay que descansar. V.33"***

El proceso de avance no se hace de manera ininterrumpida. Tanto el liderazgo como el pueblo en general; los pastores, ministros y la congregación, deben tomar tiempos para descansar, para recuperar fuerzas.. No está mal descansar.

Dios descansó el séptimo día, luego de la obra de la creación.

Jesús se apartaba para orar, pero también para descansar.

Elías tuvo que apartarse a una cueva y descansar.

David tuvo que descansar.

Nosotros no somos la excepción; necesitamos descansar. No todo el tiempo puede ser de avance, de conquista, de lucha. Hay tiempos de descanso.

No podemos juzgar al liderazgo de la iglesia porque descanse. El descanso es una necesidad y es un mandato de Dios. Debemos además respetar los tiempos de descanso.

"12 Guardarás el día del reposo para santificarlo, como Jehová tu Dios te ha mandado. 13 Seis días trabajarás y harás toda tu obra: 14 Mas el séptimo es reposo á Jehová tu Dios: ninguna obra harás tú, ni tu hijo, ni tu hija, ni tu siervo, ni tu sierva, ni tu buey, ni tu asno, ni ningún animal tuyo, ni tu peregrino que está dentro de tus puertas: porque descanse tu siervo y tu sierva como tú.

15 Y acuérdate que fuiste siervo en tierra de Egipto, y que Jehová tu Dios te sacó de allá con mano fuerte y brazo extendido: por lo cual Jehová tu Dios te ha mandado que guardes el día del reposo". Deuteronomio 5:12-15. Reina-ValeraAntigua

Hoy hay muchas personas enfermas, depresivas, fatigadas, exhaustas, matrimonios en conflictos, niños en abandono y en crisis, simplemente por ignorar este mandamiento. Vivimos en un mundo que demanda movimiento y trabajo 24/7, pero esto no hace parte del modelo de Dios. El modelo de Dios contempla el descanso, no las jornadas 24/7.

Es tal la presión de este mundo, que nos sentimos mal si no tenemos nada que hacer. Nos sentimos mal si tomamos un día para descansar. Este mundo nos ha vendido la idea de que siempre tenemos que estar en movimiento, haciendo algo, pero en el modelo de Dios no es así. Necesitamos descansar. El descanso no es diabólico y no se debe confundir con la pereza ni con la negligencia.

Le inculcamos este pensamiento a nuestros hijos. Ellos van a jornadas largas en el colegio y del colegio salen a clases de música, de deportes, etc. porque tenemos la concepción de que ellos no pueden tener un minuto libre al día. No hay nada de malo en las actividades extracurriculares, pero éstas también deben ser mesuradas.

Lo anterior, fue parte de mi mensaje para la iglesia, esa mañana de domingo, un día que llegué a la iglesia, por el amor a Dios y por el amor a la obra, tal vez impulsada por el alto sentido de responsabilidad y compromiso que desde niña me inculcaron mis padres, pero con un cuerpo enfermo, débil, exhausto y que pedía a gritos reposo. Pero también con la firme convicción, que la iglesia es el mejor lugar para ir cuando estás enfermo; pues creo, firmemente, que la oración de la iglesia tiene poder y que ninguna oración puede ser subestimada ni rechazada.

Así que fui a la iglesia con la fe de ver cumplida en mi vida la Escritura del Apóstol Santiago:

"¿Está alguno enfermo entre vosotros? Llame a los ancianos de la iglesia, y oren por él, ungiéndole con aceite en el nombre del Señor. Y la oración de fe salvará al enfermo, y el Señor lo levantará; y si hubiere cometido pecados, le serán perdonados."
Santiago 5:14-15 RVR1960

Por lo tanto, finalizada la Escuela Dominical, solicité al liderazgo de la iglesia que oraran por mí, pues no me sentía bien de salud. Ante mi solicitud, todos acudieron de manera diligente. Hicieron un vallado alrededor de mi esposo y de mí y oraron; fue una oración intercesora al inicio. Posteriormente, una de las intercesoras sintió la necesidad de ungirnos con aceite desde la cabeza hasta los pies.

"Jehová el Señor es mi fortaleza, El cual hace mis pies como de ciervas, Y en mis alturas me hace andar..." Habacuc 3:19 a RVR1960

Luego, siguió una oración de guerra, para finalmente cerrar con un cántico de alabanza a Dios y de acción de gracias:

"Y cantan el cántico de Moisés siervo de Dios, y el cántico del Cordero, diciendo: Grandes y maravillosas son tus obras, Señor Dios Todopoderoso; justos y verdaderos son tus caminos, Rey de los santos. ¿Quién no te temerá, oh Señor, y glorificará tu nombre? pues solo tú eres santo; por lo cual todas las naciones vendrán y te adorarán, porque tus juicios se han manifestado." Apocalipsis 15:3-4 RVR1960

En ese momento recibí por fe, que era grande y maravillosa la obra que el Señor había realizado en mi vida; no obstante, no tenía el mínimo conocimiento de ésta, ni evidencia alguna de lo que estaba haciendo; pero, una vez más, confiaba en mi Dios, que nos ha dejado escrito en Su Palabra:

"Acuérdense de los hechos del pasado, que sucedieron hace mucho tiempo. Porque yo soy Dios y no existe ningún otro. Soy Dios y no hay nadie como yo. Yo conté el final desde el comienzo y mucho antes de que sucediera. Yo afirmé: "Mi plan se cumplirá y haré todo lo que yo quiero".
Isaías 46:9-10 PDT.

Ahí estaba mi Dios y mi Señor, una vez más, anunciando desde antes lo que sería el final de esta historia; infundiendo fe y ánimo a mi alma y a mi espíritu, para que creyera y confiara que "grandes y maravillosas" son sus obras. Por lo tanto, Él haría en mí una obra "grande y maravillosa".

Finalizó la oración y regresé a mi casa. Como cada domingo, me encargué del almuerzo para mis hijos y esposo y, posteriormente, me retiré a mi habitación para el descanso dominical.

En horas de la tarde recibí una llamada telefónica. Era mi médico amigo, quien anunciaba que pasaría por mi casa a examinarme. Minutos después llegó, me examinó. Lo cierto es que después de la oración me había sentido bastante bien. Sus palabras fueron: *"Moni, yo te veo bien. Respondes bien al examen neurológico. Te indicaré unos exámenes de sangre para que te realices y mirar si se puede determinar algún diagnóstico. Por lo pronto, el cuadro está muy agudo."*

El resto de la tarde y la noche transcurrieron sin mayores novedades, y confiando en la promesa de Dios, de guardar mi sueño, me fui a descansar.

DÍA 5 - Primer Ingreso a la Sala de Urgencias

Llegó la madrugada del quinto día sin poder dormir. Inmediatamente después de ir a la cama, un dolor intenso se apoderó de mi pierna derecha y por más que buscaba forma de acomodarla, era imposible conciliar el sueño, pues con el transcurrir de los minutos el dolor se hacía más intenso e insoportable.

Pensé en ir a la sala de urgencias, pero al mismo tiempo pensé que mi esposo tenía una cita a las 7:00 am en la Clínica para hacerle curación a un absceso que le habían drenado días atrás. Entonces pensé: *"Mi esposo no puede faltar a la curación; tampoco es justo que vaya ahora a la sala de urgencias, que nos regresemos a casa y luego él tenga que salir nuevamente para ir a la curación. Esperaré, por ello, una hora prudencial para ir, de tal manera que a la hora de la curación estemos allá. Si ya me han dado de alta vamos los dos y si no, pues él puede subir solo y yo espero."*

Fue así como a las cuatro de la madrugada, lo desperté y le dije: *"Me duelen demasiado las piernas; no puedo seguir resistiendo el dolor; por favor, llévame a la sala de urgencias." "Por supuesto, vamos. Yo te llevo"*, me respondió presto.

De manera apresurada tomamos una ducha y nos vestimos para salir a la urgencia. Llegamos, realizamos todo el protocolo de ingreso, el cual fue bastante rápido. Me indicaron que por los síntomas que presentaba me harían interconsulta con un médico ortopeda y me suministrarían, vía intravenosa, medicamentos para el dolor.

El proceso fue rápido y me aplicaron los medicamentos. El médico ortopeda llegó e indagó sobre mis síntomas, los que le relaté nuevamente. Expresó que era preocupante el adormecimiento en manos y piernas y que, por lo tanto, indicaría que me realizaran de manera ambulatoria unas resonancias de columna y ordenó medicamentos para el dolor.

Salimos de la urgencia a las siete de la mañana, justo para subir al segundo piso a la curación de mi esposo. Asistimos a ésta y regresamos a casa, ya bastante aliviada del dolor.

La noche llegó y con ella el dolor. Tomé mis medicamentos y pensé: "*pronto pasará*". Fui a la cama, una vez más, confiada en el descanso nocturno que nos proporciona nuestro Padre Celestial.

DÍA 6 - Comienzan las Limitaciones para la Vida Diaria

Amaneció el sexto día. *"Debo ir a la universidad"*, dije a mi esposo. *"Moni, ¿cómo vas a ir así? ¿Por qué no esperas a recuperarte un poco más?* Fue la sugerencia de mi esposo. *"¡No, debo ir hoy! Tengo una reunión importante para hacer empalme del nuevo cargo que recibiré. Prefiero ir"*, le respondí a mi esposo.

Nuevamente, me llené de valor y fortaleza y me vestí para salir a la universidad. No podía conducir, por lo que mi esposo me llevó. Tampoco podía ya cargar mi bolso y computador. Además, subía las escaleras con dificultad. Por lo que mi esposo parqueó y se bajó, me acompañó hasta el tercer piso donde estaba mi oficina y allí me dejó, solicitando a mis compañeras de trabajo que, por favor, me asistieran en lo que necesitara, sobre todo si debía bajar escaleras.

Desarrollé dos reuniones esa mañana. Mis compañeros de trabajo notaron mi dificultad para caminar e indagaron al respecto. Mi respuesta era que no sabía con exactitud qué tenía y que los médicos me habían ordenado unas resonancias de columna; que estaba a la espera de que me las realizaran para poder determinar un diagnóstico.

Regresé a casa; el resto de la tarde estuve bastante adolorida. Consulté al médico y me ordenaron nuevos medicamentos; analgésicos más fuertes para el dolor y un medicamento para el dolor neuropático que se supone debería causarme somnolencia. No obstante, en mí ocasionó exactamente lo contrario. Fue allí cuando iniciaron largos días y noches sin poder dormir un solo instante.

En horas de la tarde, una de las intercesoras de la iglesia comunicó al grupo de intercesión que yo seguía con los mismos malestares y pidió, que, por favor, se intensificara el clamor. Respondí a esto con el siguiente mensaje:

> *"Mi cuñada y mi hermana me hicieron una oración hace un rato y ahora mi esposo me ungió con aceite la espalda y las piernas. Mi fe y mi esperanza están intactas. Es cuestión de orar sin cesar y, pacientemente, esperar la manifestación de la gloria de Dios en mi salud. Yo sé en quién he creído. ¡Por fe ando y no por vista! Gracias a todos por llevarme en sus oraciones. Que el Señor les bendiga y recompense cien veces más"*

En la oración de mi hermana y mi cuñada, el Señor guió a mi cuñada a orar basada en la siguiente Escritura del profeta Ezequiel:

> *"El Señor puso su mano sobre mí y fui llevado por el Espíritu del Señor hasta un valle que estaba lleno de huesos. El Señor me condujo por entre los huesos que cubrían el fondo del valle. Estaban desparramados en el suelo por todas partes y completamente secos. Luego me preguntó: —Hijo de hombre, ¿podrán estos huesos volver a convertirse en personas vivas? —Oh Señor Soberano —respondí—, solo tú sabes la respuesta. Entonces me dijo: —Anuncia un mensaje profético a estos huesos y diles: "¡Huesos secos, escuchen la palabra del Señor! Esto dice el Señor Soberano: '¡Atención! ¡Pondré aliento dentro de ustedes y haré que vuelvan a vivir! Les pondré carne y músculos y los recubriré con piel. Pondré aliento en ustedes y revivirán. Entonces sabrán que yo soy el Señor'".* Ezequiel 37:1-6 NTV

La oración se tornó en un clamor de intercesión fuerte y ferviente, en el que se hacía énfasis en mi sistema nervioso central; que el Señor le diera vida nuevamente, así como le dio vida a los huesos secos en ese valle que veía el profeta; que todo adormecimiento en mi cuerpo cesara; que no avanzara más y comenzara a retroceder.

Ese mediodía, yo me aferré a ese clamor y a esa Escritura y creí en mi corazón que Dios le daba vida nuevamente a mi sistema nervioso central.

La mañana del miércoles llegó y solicité a mi esposo que me llevara al consultorio médico para que me tomaran las muestras para los exámenes de sangre que me habían ordenado. Con dificultades y apoyada de él todo el tiempo, pude subir y bajar de nuestro vehículo, así como caminar desde el parqueadero al consultorio y del consultorio al parqueadero.

Regresé a casa esa mañana, debía dedicarme a calificar porque era final de semestre, por lo tanto, tenía que entregar las calificaciones a los estudiantes y subirlas a la plataforma de la universidad. Intenté hacerlo esa mañana, pero por un momento sentí que el sueño me venció. Por lo que puse mi computador a un lado y logré conciliar el sueño alrededor de una hora, sentada en el sofá de mi sala de televisión. Desperté para almorzar, apenas podía comer, sentía mucha dificultad para la deglución.

Transcurrían los días y los síntomas de mi patología se hacían más notorios, pasaba los días y las noches sin dormir. Durante el día bajaba al primer piso de mi casa; me sentaba por ratos en el sofá de la sala de televisión y por ratos me levantaba para caminar.

Por las noches, subía a mi habitación con la esperanza de sentirme mejor y poder conciliar el sueño. No obstante, esto no sucedía; las noches las pasaba en vela; cada cinco o diez minutos me levantaba de mi cama para caminar, pues al hacerlo sentía alivio de mi dolor. Mientras caminaba oraba, declaraba la Palabra de Dios, entonaba cánticos de alabanza y lloraba. De igual manera, mi esposo oraba por mí, me sostenía, se levantaba cada vez que yo lo hacía, me consolaba y me decía que todo iba a estar bien.

El día viernes, una semana y un día después de empezar a notar mis primeros síntomas, mi condición era ya desesperante y angustiosa para mí misma. Esa madrugada, como todas, aún en medio de mi angustiosa condición de dolor e incertidumbre, me uní a la oración matutina con mis hermanos y primo. El turno de oración ese día fue para mi primo, quien durante su intercesión, hizo énfasis en la batalla que libró el pueblo de Israel con Amalec y, cómo Aaron y Hur tuvieron que sostener los brazos de Moisés, para que el pueblo pudiera prevalecer.

Ese día en la noche, tenía la cita para las resonancias de columna que me realizarían. No obstante, mi pronto auxilio, mi refugio siempre ha sido el Señor, como lo dice en Su Palabra:

"Torre fuerte es el nombre de Jehová; A él correrá el justo, y será levantado." Proverbios 18:10 RVR1960.

Alzaré mis ojos a los montes; ¿De dónde vendrá mi socorro? Mi socorro viene de Jehová, Que hizo los cielos y la tierra." Salmos 121:1-2 RVR1960.

El día anterior, mi hermana menor tuvo el turno de oración. En esos días el clamor se había intensificado a favor de mi salud.

Recuerdo que durante su intercesión, el Señor me habló diciéndome que Él me levantaría nuevamente por el poder de Su amor. Yo recibí esa promesa y la atesoré en mi corazón, lo que fue como un bálsamo que vino a ser refrigerio para mí.

Luego de esos dos días de clamor, me llené de fuerzas y escribí el siguiente mensaje en el chat de nuestra congregación:

"Hola FCOP, sigo muy agradecida con todos ustedes, pues sé que me llevan en sus oraciones y les pido que lo sigan haciendo para que el poder de Dios sea perfeccionado en mi vida y su gloria manifestada, una vez más, a favor de mi salud.

Sigo creyendo en la promesa que me levantaré en el Poder de Su amor, como las águilas y que mis piernas estarán nuevamente fuertes para correr sin cansarme y caminar sin fatigarme.

Ayer pasé el día más aliviada del dolor. Anoche, por fin, logré conciliar el sueño por dos horas seguidas, en posición sentada. Aún no encuentro acomodo acostada sin sentir dolor o molestias en la pierna, pero también sé que ésta es una leve tribulación pasajera que traerá un mayor peso de gloria sobre toda FCOP (2 Co. 4:17).

Hoy en oración de madrugada, el Señor habló acerca de la batalla del pueblo de Israel en su tránsito hacia la tierra prometida contra Amalec:

"Josué hizo lo que Moisés le ordenó y peleó contra el ejército de Amalec. Entre tanto Moisés, Aarón y Hur subieron a la cima de una colina cercana. Mientras Moisés sostenía en alto la vara en su mano, los israelitas vencían; pero, cuando él bajaba la mano, dominaban los amalecitas. Pronto se le cansaron tanto los brazos que ya no podía sostenerlos en alto. Así que Aarón y Hur le pusieron una piedra a Moisés para que se sentara. Luego se pararon a cada lado de Moisés y le sostuvieron las manos en alto. Así sus manos se mantuvieron firmes hasta la puesta del sol. Como resultado, Josué aplastó al ejército de Amalec en la batalla. Después de la victoria, el Señor dio a Moisés las siguientes instrucciones:

«Escribe esto en un rollo para que sea un recuerdo perpetuo, y léelo en voz alta a Josué: "Yo borraré por completo la memoria de Amalec de debajo del cielo"». Entonces Moisés edificó un altar en ese lugar y lo llamó Yahveh-nisi (que significa «el Señor es mi estandarte»)." Éxodo 17: 10 - 15 NTV.

Por lo tanto, FCOP, te exhorto a tomar esta palabra. A ser cómo Aarón y Hur y levantar en este momento nuestros brazos. En la medida en que lo hagan se ganará una gran victoria para todos.

No temáis manada pequeña, FCOP, que al Señor le ha placido entregarles el Reino. Adelante mis valientes. El Reino de los Cielos se ha acercado y solo los valientes lo arrebatan. ¡La victoria es nuestra!

Feliz día. Éxitos y bendiciones en todo cuanto emprendan.

Los llevo a todos en mis oraciones y corazón."

Posteriormente, decidí llamar por teléfono a mi hermano, Libardo. Le comenté sobre mi condición y cómo me sentía. Él me dijo: *"Vamos a orar, mija"*. Inició la oración, implorando el favor de Dios sobre mí. En ese momento, la gloria de Dios se manifestó sobre él de una manera maravillosa y comenzó a hablarme para ministrar mi alma y espíritu. Este fue el mensaje que me entregó:

Mensaje del Espíritu. 17 de Junio de 2022

"Mi gloria está sobre tu vida hija mía. No se turbe tu corazón. No se turbe tu corazón. No se turbe tu corazón. Yo soy tu Dios. Tu vida está en mis manos. Yo soy tu Dios. Confía en tu Creador y alza tus ojos a los montes y confía en Tu Dios que de Él viene tu socorro.

*Es que Yo soy Jehová. Es que mi poder nadie lo puede detener.
Es que Yo soy Jehová. Es que mi poder nadie lo puede detener.
Es que Yo soy Jehová. Es que mi poder nadie lo puede detener.
La orden ha salido desde el cielo.*

Yo estoy obrando en tu vida hija mía. Yo estoy obrando en tu vida hija mía. Yo estoy obrando en tu vida hija mía. Yo estoy obrando en tu vida hija mía.

Tu salud está en mis manos. Tu salud está en mis manos. Tu salud está en mis manos. Tu salud está en mis manos. Tu salud está en mis manos.

Yo soy Jehová y conozco todas las cosas. Confía hija mía. Confía hija mía. Tu salud está en mis manos. Confía hija mía. Confía hija mía. Nada te sucederá. Nada te sucederá. Nada te sucederá. Nada te sucederá. Yo soy tu Dios. Yo soy tu Defensor. Yo soy tu Protector. Yo soy tu vida y Yo soy tu salud. Si Señor. Si Señor. Si Señor.

La vida y la salud la doy Yo, Jehová de los ejércitos. Yo, Jehová de los ejércitos.
Tu eres mi sierva y eres mi guerrera y la vida y la salud te la doy a ti en esta mañana. La gloría de Jehová. La gloría de Jehová.

¿Sabes por qué hija mía? Porque el "Camay" es la vida que te estoy ministrando en esta mañana. Porque te he ministrado vida y te he ministrado salud. Porque te he ministrado vida y te he ministrado salud
Solo espera el devenir de la cosas y verás la vida y la salud que te he dado hoy. Y verás la vida y la salud que el Dios de tus padres y al que sirves desde tu juventud te ha entregado

hoy. Vida y salud. Vida y salud es lo que te he dado hoy hija mía.

Hoy he obrado grandemente en tu vida hija mía. Hoy he obrado grandemente en tu vida hija mía. Hoy he obrado grandemente en tu vida hija mía. He obrado hoy grandemente en tu vida. Hoy, no eres la misma porque yo he obrado. No solamente en tu vida sino en tu salud. He obrado en tu vida y en tu salud. Hoy, tu salud no es la misma que ayer.

Alabanza en el Espíritu: "Por esa sangre: Por esa sangre, preciosa sangre, que derramó Jesús en la cruz, por ella vivo, por ella canto, por ella espero que vengas mi Salvador. Gracias Jesús, gracias Jesús, gracias Jesús por morir en la cruz por mí. Gracias mi rey, gracias mi rey, gracias mi rey, por morir en la cruz por mí".

Amén. Amén. Amén. Amén. Gloria a Dios"

Fin del mensaje profético.

Terminamos la oración y mi hermano me dijo que confiara en la obra que Dios había hecho en mi vida, que no tuviera temor, pues nada malo me iba a suceder, tal como lo había dicho el Señor y que lo llamara en horas de la tarde para orar nuevamente antes de salir para los exámenes de resonancia magnética.

Colgué la llamada con mi esperanza y mi fe puesta en la obra que el Señor había realizado en mi vida, porque si algo me ha caracterizado desde joven, es que cuando Dios me habla, yo le creo.

En horas de la tarde, recibí una llamada de una de las intercesoras de la iglesia, quien quería orar por mí. Yo siempre estoy dispuesta para la oración. Aprendí de mi abuela y madre espiritual, quien solía decirme, cada vez que yo llegaba con alguna situación o preocupación: *"Mónica, la oración no le hace daño a nadie. Nada se pierde con orar, pero se puede ganar mucho. Así que vamos a orar".*

Fue así como comenzó la oración. Esta intercesora es reconocida por su don profético. A continuación, relato lo que ella recibió mientras oraba por mí:

"Palabra Declarada Isaías 54:17

> *"Ninguna arma forjada contra ti prosperará, y condenarás toda lengua que se levante contra ti en juicio. Esta es la herencia de los siervos de Jehová, y su salvación de mí vendrá, dijo Jehová."*
>
> *Isaías 54:17 RVR1960.*

Salmos 34:5. Mi rostro no será avergonzado. La Iglesia no será avergonzada.

> *"Los que miraron a él fueron alumbrados, Y sus rostros no fueron avergonzados."*
>
> *Salmos 34:5 RVR1960.*

Salmos 125:1-2. No seré conmovida

> *"Los que confían en Jehová son como el monte de Sion, que no se mueve, sino que permanece para siempre. Como Jerusalén tiene montes alrededor de ella, así Jehová está alrededor de su pueblo desde ahora y para siempre."*
>
> *Salmos 125:1-2 RVR1960.*

La victoria ya ha sido dada, pero es necesario mantener el vallado y la iglesia necesita ser entendida de esto hasta que el Señor perfeccione y saque a la luz Su obra.

Que la sangre de Cristo cubra cada órgano, cada célula, cada sistema que componen su organismo y el bienestar le sea restablecido.

Gracias por lo que esta victoria produce en mí y en la iglesia.

Peticiones:

- *Que los exámenes no arrojen nada negativo.*
- *Que su orden dada esta mañana en oración con el Ps. Libardito se ejecute sin estorbo. Que la obra se*

perfeccione de forma definitiva.

- *El Señor sacara a la luz su extraña obra.*

De cierto tus ojos están sobre ella de día y de noche y tú mano le sostiene, Padre Celestial.

Gracias porque estás con ella como poderoso gigante, por tanto, que sus enemigos delante de ella tropiecen y caigan.

Muchísimas gracias por lo que le estás reservando. Gracias por la corona que le estás poniendo. Gracias porque después que pase esta leve tribulación momentánea, ella verá el peso de gloría que has puesto sobre su vida. Estás atento a Su clamor.

"Porque esta leve tribulación momentánea
produce en nosotros un cada vez más excelente y
eterno peso de gloria."
2 Corintios 4:17 RVR1960.

"Los ojos de Jehová están sobre los justos, Y
atentos sus oídos al clamor de ellos."
Salmos 34:15 RVR1960.

Al inquirir la interceosra sobre la fuente del ataque, recibía que Dios tenía el control de eso y la Palabra de Isaías 54:17".

Fin de la oración y del mensaje profético.

Cada oración que hacían por mí me infundía aliento, fe y esperanza. Eran pilares que me sostenían cuando mis fuerzas físicas ya no lo hacían.

Antes de salir a los estudios de resonancia magnética, llamé por teléfono a mi hermano, tal como él me había indicado. Realizó su oración, la cual relato a continuación:

Oración de la Tarde del viernes 17 de junio antes de los estudios de resonancia

"Grande eres Tú, Señor. Grande es Tu Poder. Sí, Señor. Sí, Señor. Sí, Señor. Sigue obrando. Sigue obrando. Sigue obrando. Sigue obrando. Sigue obrando. Sigue obrando. Sigue obrando. Sigue obrando. Sigue obrando. Sigue obrando. Sigue obrando. Sigue

*En el nombre de Jesús. En el nombre de Jesús. En el nombre
de Jesús.*
Gloria a Dios. Gloria a Dios. Gloria a Dios".

Finalizó la oración y comencé a alistarme para salir a los estudios. Mi marcha era ya bastante inestable, perdía el equilibrio con facilidad. Mi esposo, ese ángel con piel, lleno de paciencia y amor, me llevó y cuidadosamente me ayudó a bajar del vehículo y entrar al consultorio.

Era la primera vez que me realizaban ese tipo de estudios. Siempre me he caracterizado por ser un poco claustrofóbica. Por lo que mi temor era no poder resistir el tiempo necesario, dentro de la cápsula sin moverme. Así que mi oración era que el Señor me ayudara, que me llenara de serenidad y paciencia, mientras realizaban el estudio. Mi clamor se intensificó cuando el encargado me comunicó que dicho estudio duraría aproximadamente una hora. "¿Una hora?" Exclamé dentro de mí. *"Señor, ayúdame, de lo contrario, no podré resistir tanto tiempo sin moverme."*

Inició el estudio y comencé a recitar mentalmente todos los Salmos y Escrituras Bíblicas que llegaban a mi mente. Luego comencé a cantar alabanzas en mi mente, también. Antes de imaginármelo, sentí que las luces se encendieron y el encargado me informó que el examen había finalizado. *"Gracias, Señor".* Fue mi expresión.

Ya, prácticamente, no podía valerme por mí misma. El técnico de laboratorio tuvo que darme la mano desde la puerta donde me dejó mi esposo hasta la habitación donde estaba el equipo y viceversa. Salí de la sala, fui a la pequeña habitación para quitarme la bata que me habían dado y colocarme nuevamente mi ropa y posteriormente regresar a casa.

Llamé nuevamente a mi hermano para la oración antes de dormir, la cual realizó así:

Oración de la Noche del viernes 17 de junio después de los estudios de resonancia

"Es el poder de Dios Es el poder de Dios. Es el poder de Dios. Es el poder de Dios. Es el poder de Dios. Es el poder de Dios. Es el poder de Dios. Es el poder de Dios.

Es el poder de Dios. Es el poder de Dios. Es el poder de Dios. Es el poder de Dios.

Sí hay salud para ti.

Si, Padre. Tu eres grande y eres poderoso. Si, Padre. Tu eres grande y eres poderoso. Si, Padre. Tu eres grande y eres poderoso. Si, Padre. Tu eres grande y eres poderoso. Si, Padre. Tu eres grande y eres poderoso."

La noche fue angustiante nuevamente. No logré dormir en toda la noche debido al fuerte al dolor y ya sentía que las fuerzas se me desvanecían.

DÍA 10-12 - Segundo Ingreso a la Sala de Urgencias

Amaneció la mañana del sábado. El día siguiente se celebraría en Colombia el día de los padres. Casualmente, ese mismo domingo, sería la segunda vuelta de elecciones presidenciales. Tanto mi esposo como yo habíamos sido designados jurados de votación, por lo que yo de antemano había planeado un almuerzo familiar, pues el domingo no tendríamos oportunidad de compartirlo.

No obstante, esa mañana me levanté sumamente adolorida, pero con la confianza puesta en Dios y la fuerza de voluntad que me caracterizan, tomé una ducha, me vestí y maquillé para la ocasión. Por esas cosas, que yo digo, que el Espíritu de Dios me guía de maneras que no puedo comprender, en aspectos que podrían ser irrelevantes o que pensamos que no necesitamos la dirección de Dios, de manera muy adelantada, ese año había adquirido la decoración para el día del padre y había planeado con mi empleada doméstica el menú. Solo era cuestión de bajar al comedor y compartir.

> *"Por eso les digo: dejen que el Espíritu Santo los guíe en la vida."* Gálatas 5:16a NTV.

Al mediodía llegaron mi hermano menor y su esposa. En cuanto mi hermano vio la condición de dolor en la que me encontraba y que ya casi no podía caminar me preguntó si quería que me llevara a la sala de urgencias, a lo que respondí que no. Que ya me habían realizado los estudios de resonancia el día anterior y que el martes en la mañana tenía la cita con el especialista. Que prefería esperar.

Mi hermano entonces me preguntó si quería que llamara a una enfermera para que me aplicara un medicamento para el dolor. Accedí a esa propuesta y puedo decir que el medicamento fue de alivio durante el resto de la tarde.

Durante el almuerzo, apenas si pude probar la comida. Sentía que ya no era capaz de tragar. Restos de alimentos se quedaban en la parte posterior de mi lengua y ésta no tenía la suficiente fuerza para impulsarlos para la deglución. Ya no tenía ánimo para nada.

Gran parte de la tarde la pasamos con la compañía agradable de mi hermano menor y de su esposa, mientras mi esposo y mi hijo mayor salieron al centro comercial a comprar una silla reclinable para colocar en mi habitación y que yo pudiera descansar más cómodamente. La sola presencia de mi hermano y su esposa me daba aliento y como por arte de magia, hacía desvanecer o tal vez más soportable mi dolor. Conversamos, vimos TV y hasta intentamos hacer siesta en la sala de mi casa. Horas después se despidieron y fueron a su casa.

La noche llegó y nos retiramos a nuestra habitación a descansar. Allí empezó el sufrimiento nuevamente. El fuerte dolor y la incomodidad al acostarme. Pensé que la nueva silla sería de gran ayuda, para solo minutos después descubrir, que tampoco allí encontraba consuelo ni acomodo para mi aflicción. La situación para mí se hacía cada vez más angustiante. Creo que la incertidumbre por desconocer qué era exactamente lo que me pasaba, comenzó a crear en mi ansiedad, temor y angustia.

Pasaba de la cama a la silla cada cinco minutos, intercalando con caminatas en la habitación para estirar mis piernas. A la media noche le dije a mi esposo: *"No resisto más. Tengo mucho dolor y siento que me voy a desmayar. Creo que es mejor ir a la sala de urgencias. Además, creo que ya no puedo seguir ingiriendo más analgésicos para el dolor. He tomado demasiados y el dolor no cesa"*. Su respuesta fue: ¿Quieres que llamemos por teléfono a mi hermano mayor, médico, para comentarle lo que te pasa". Le dije que sí. Había llegado a un punto en el que ya no tenía fuerzas para contradecir a nadie. Por el contrario, acogía todo lo que me ofreciera alivio a mi condición.

Fue así como mi esposo llamó por teléfono a su hermano. Le puso en contexto sobre mi condición. Su hermano pidió que me pusiera al teléfono. Le conté toda mi historia desde el inicio hasta ese momento. En ese instante, me preguntó si en verdad quería acudir a la urgencia a esa hora de la noche, teniendo en cuenta que pasaría una noche muy incómoda y que el médico especialista no me atendería sino en horas de la mañana. O prefería pasar la noche en casa y muy temprano salir a la clínica.

Le respondí que prefería ir a esa hora, que llevaba días y noches enteras sin dormir, que en ese momento sentía mucho dolor, los analgésicos recetados ya no funcionaban en mí y, además, empezaba a sentirme muy débil. Sentía temor de desmayarme en el tercer piso de nuestra casa, sola con mi esposo, hijos menores y una sobrina. ¿Qué harían ellos? En mi interior pensaba: *"Si algo me va a suceder, prefiero que sea en la clínica y no aquí en casa"*.

Mi cuñado entonces accedió a mi deseo y me dijo que saliéramos de casa, nos pusimos un punto de encuentro en la vía para llegar juntos a la clínica. Llegamos a la clínica y realizamos todo el proceso de admisión. Mi cuñado, como médico, me acompañó en el proceso explicando a la enfermera encargada de hacer la admisión todos mis síntomas.

Cuando salimos del primer consultorio tuve una grata sorpresa. Mi cuñado no había ido solo. Allí estaban sentados: su esposa, mi concuñado y su hija. ¡Que alegría! Eran altas horas de la noche. Sin embargo, allí estaban conmigo, demostrándome su aprecio y cuidado por mí.

"En todo tiempo ama el amigo, Y es como un hermano en tiempo de angustia."
Proverbios 17:17 RVR1960.

Me llamaron rápidamente para ingresar a la sala de urgencias. Allí entró, nuevamente, mi cuñado. Explicamos una vez más, todos los síntomas a la médica emergencióloga de turno. Le comentamos que me habían realizado estudios de resonancia la noche del viernes, pero que aún no tenía los resultados. No obstante, me habían entregado el CD con las imágenes. La médica se comprometió a que en horas de la mañana lo llevaría al médico radiólogo para la lectura. Mientras tanto me suministrarían medicamentos para el dolor.

Se fueron todos a casa a descansar y yo me quedé en la sala de urgencias con mi esposo. En la mañana, vino el cambio de turno. El nuevo médico emergenciólogo se llevó el CD para solicitar la lectura. A mitad de la mañana regresó indicándome que las imágenes mostraban unas hernias en mi columna lumbar y que estás serían las causantes de mi dolor y demás síntomas, que me daría de alta con una orden para control médico con un especialista de columna y otra orden para terapias físicas.

Regresé a casa pasado el mediodía. La tarde transcurrió de manera tranquila. Llegó la noche y junto con ella el dolor. El patrón se repetía una y otra vez. Me acostaba en la cama, el dolor se hacía insoportable, me levantaba, caminaba, me sentaba en mi nueva silla hasta que el dolor era nuevamente insufrible, me levantaba y caminaba, pasaba a la cama y así hasta el amanecer, en mi condición pensaba por momentos como Job:

> "¿Por qué dar vida a los que no tienen futuro, a
> quienes Dios ha rodeado de dificultades? No
> puedo comer a causa de mis suspiros; mis gemidos
> se derraman como el agua. Lo que yo siempre
> había temido me ocurrió; se hizo realidad lo que
> me horrorizaba. No tengo paz ni tranquilidad. No
> tengo descanso; solo me vienen dificultades»." Job
> 3 :23 -26 NTV.

Pasó el día y la noche del lunes. Mi condición parecía empeorar cada vez más. Los medicamentos me calmaban por un rato el dolor, luego éste regresaba de manera más intensa. Además, los medicamentos junto con el estrés por el dolor comenzaron a alterar mi frecuencia cardíaca y presión arterial, llevándolos a niveles altos. Ahora no solo debía lidiar con el dolor y las limitaciones para caminar y realizar las actividades diarias, puesto que ya no podía bajar ni subir las escaleras sin ayuda, ya que el peso de las piernas era indescriptible, sino también con las molestias producidas por la presión arterial y la frecuencia cardíaca elevadas.

Lo único que me alentaba era que venía el martes y tenía la cita con el médico especialista, un neurocirujano amigo de la familia, quien me había dado la primera cita para ese día que se reintegraba luego de un tiempo de baja. Tenía la esperanza que él podría dar un diagnóstico certero de mi condición.

Llamé por teléfono a mi hermano mayor para la oración antes de dormir y él específicamente pidió al Señor que le diera al médico una mente clara y que lo dirigiera en todo, para examinar mis síntomas y emitir un diagnóstico verás, de tal manera que se me pudiera dar la asistencia y tratamiento médicos que yo necesitaba. Recibí esa oración con fe, pues unos pastores amigos me habían llamado por teléfono para orar por mí y me habían regalado la siguiente promesa bíblica:

> *"He aquí que yo les traeré sanidad y medicina; y los curaré, y les revelaré abundancia de paz y de verdad."* Jeremías 33:6 RVR1960.

Así, que allí estaba yo, confiando en esa promesa. Esperando de Dios, medicina y sanidad.

DÍA 13-14 - Diagnóstico Médico

Amaneció la mañana del martes y mi condición física empeoraba. Con gran dificultad bajé los tres pisos desde mi habitación hasta el comedor de mi casa para tomar el desayuno. Subir las escaleras fue más desafiante aún.

Entré al baño para tomar una ducha. Mi esposo siempre atento a mí. Gran susto le ocasioné cuando intenté salir de la ducha y mis piernas no respondieron. Mi cuerpo se inclinó todo hacia adelante, si no hubiese sido porque él estaba siempre allí atento, yo hubiese caído al suelo, lo cual no me atrevo siquiera a imaginar. Desde allí decidió que mientras yo me bañaba, él no se ocuparía en nada, sino que estaría allí atento para darme su mano al salir de la ducha y guiarme hasta mi cama.

Esa mañana, ya no fui capaz de vestirme por mí sola, mi estimada empleada doméstica, otro ángel con piel que Dios puso en mi camino, me daba masajes en la espalda y las piernas. Luego me ayudaba a vestir, ponía loción en mi cuerpo, me peinaba y ponía mis zapatos, finalmente me ayudaba a bajar las escaleras.

Mi hijo mayor me acompañó al consultorio médico aquella mañana de martes. Ya yo no caminaba sola, necesitaba apoyarme en alguien, de lo contrario me caería. Mis pies y piernas estaban demasiado dormidas. No sentía el piso al colocar el pie.

> *"He aquí, herencia de Jehová son los hijos; Cosa de estima el fruto del vientre. Como saetas en mano del valiente, Así son los hijos habidos en la juventud. Bienaventurado el hombre que llenó su aljaba de ellos; No será avergonzado Cuando hablare con los enemigos en la puerta."* Salmos 127 :3 -5 RVR1960.

Llegué al consultorio médico. Tenía la primera cita del día. Me llamó el médico, me saludó muy amistosa y cariñosamente, como es su costumbre. Comenzó la indagación de los síntomas y posteriormente el examen médico. No tenía reflejos, no podía caminar en punta de pies ni en los talones, al cerrar los ojos no mantenía el equilibrio.

Finalizó el examen médico y vino la noticia que me cayó como una bomba atómica: *"Moni, tú si tienes unas hernias en la columna, pero esa no es la razón de todos estos síntomas que tienes. Yo me inclino a pensar que tienes una polioneurorradiculopatía"*, expresó el doctor. *"¿Poli qué?"* Fueron mis palabras de asombro. *"Si, una polineurorradiculopatía"*, repitió el médico. Y le dijo a mi hijo que si tenía su teléfono buscara en internet su significado.

Luego me dijo, que ese era un libro muy grande y qué ahora había que mirar cuál tipo era el que me estaba afectando a mí. Que según su concepto podría ser por: 1. Síndrome de Guillain-Barré o 2. Compromiso por desmielinización cerebral. Para poder determinarlo, necesitaba ordenarme otros estudios: 1. Resonancia de cerebro y 2. Electromiografía de los cuatro miembros con velocidad de conducción.

El médico trató de calmarme y me pidió que no me angustiara, que para ello había tratamiento, que era reversible y que había un buen pronóstico de recuperación. No obstante, yo salí del consultorio más angustiada que como llegué. Traté de disimular mi angustia. Llegué a casa a hacer los trámites pertinentes para las autorizaciones y citas para los nuevos exámenes que me debían hacer. Comuniqué a mi esposo, a mis hermanos y a los intercesores de la iglesia el nuevo diagnóstico y solicité que no dijeran nada a mis padres para no angustiarlos.

Ese mismo día en la noche me realizaron la resonancia de cerebro, pero el otro examen quedó agendado para el día siguiente en horas de la tarde. Una vez más el amor, fidelidad y misericordia de Dios se mostró a mi favor, pues usó ángeles con piel que intervinieron y los exámenes me los agendaron de una forma ágil, no acostumbrada en nuestro sistema de salud.

"Porque a mis ojos fuiste de gran estima, fuiste honorable, y yo te amé; daré, pues, hombres por ti, y naciones por tu vida." Isaías 43:4 RVR1960

Llegó el miércoles, una noche y un día más sin dormir. Los dolores, el adormecimiento en brazos y piernas y la dificultad para caminar y hacer mis labores diarias iban en aumento. Pacientemente esperé que llegaran las dos de la tarde para dirigirme a la clínica donde me realizarían el segundo examen ordenado por el especialista: *electromiografía*.

Mientras estaba en la sala de espera recibí la llamada de una de las intercesoras de la iglesia para orar por mí antes del examen. Seguidamente, recibí la llamada de uno de mis tíos paternos, quien recién se enteraba de mi condición de salud y quería orar por mí. Cada oración que elevaban por mí se convertía como en una píldora o una inyección que ingresaba directamente a mi organismo y me proporcionaba la medicina que mi cuerpo estaba necesitando.

"y dijo: Si oyeres atentamente la voz de Jehová tu Dios, e hicieres lo recto delante de sus ojos, y dieres oído a sus mandamientos, y guardares todos sus estatutos, ninguna enfermedad de las que envié a los egipcios te enviaré a ti; porque yo soy Jehová tu sanador." Éxodo 15:26 RVR1960.

Allí estaba yo, sentada en esa sala de espera, confiando en *Jehová – Rafa*, mi sanador. El examen inició aproximadamente a las 3:30 de la tarde. La especialista se mostró siempre muy amable. El examen tardó un poco más de dos horas. La doctora expresó que debía hacerme un examen muy completo, pues se trataba de un caso muy especial. Al final del examen, la joven doctora me explicó el resultado y su posible interpretación, sugiriéndome la hospitalización para continuar con otros estudios que pudieran determinar un diagnóstico con precisión.

En ese momento, la doctora me indicó que el examen arrojaba unos resultados que, aunque no eran concluyentes, obligaban a hacer otros estudios para descartar un Síndrome de Guillain-Barré. ¡Sí! Nuevamente apareció este nombre de patología. Me indicó que muy probablemente me tendrían que hacer una punción lumbar y que generalmente, es un procedimiento que se hace estando hospitalizado.

Eran ya aproximadamente las seis de la tarde y la doctora, amablemente se ofreció a realizarme un examen de mi corazón para mirar su funcionamiento e indicarme si podía regresar a casa esa noche y esperar hasta las siete de la mañana del día siguiente, para acudir a la sala de urgencias, haciendo énfasis en que no podía seguir en casa, que la hospitalización era necesaria, puesto que, ese era un diagnóstico muy delicado, ya que la enfermedad podía avanzar rápidamente y afectar la respiración.

Salí del consultorio con mi hijo mayor, quien me había acompañado nuevamente. Yo trataba de ocultar mi turbación por la noticia, y en el fondo con mi confianza puesta en Dios. Recordando las palabras que me había dicho en uno de los tiempos de oración: *"Nada malo te va a pasar"*.

El día anterior en la noche, los pastores principales de nuestra iglesia en Estados Unidos me habían contactado. Estaban en Cartagena, pues se habían adelantado al resto del grupo misionero que llegaría el viernes de esa misma semana, y querían cenar con mi esposo, mi hermano y conmigo. La cita había quedado agendada para ese miércoles a las siete de la noche.

Así fue que, del examen médico me dirigí al restaurante, con la fe y la esperanza que la oración que ellos harían por mí, marcaría una diferencia en mi condición de salud. Me aferraba a cada oración que pudieran hacer por mí, puesto que sabía que, a través de cada una de ellas, Dios obraba a mi favor.

Llegué al restaurante, mi esposo me estaba esperando en la entrada, para ayudarme a ingresar, pues le había dicho que me era totalmente imposible caminar sola. Nos encontramos con los pastores y mi hermano, quien ya los había contextualizado sobre mi condición de salud. Apenas si pude cenar algo. Comer cada vez representaba un reto mayor para mí. Ya empezaba a sentir angustia porque la comida se quedara atorada en mi garganta. Les expliqué a los pastores lo que hasta ahora me habían dicho los médicos. Al final oraron por mí, y todos quedamos con la confianza que Dios estaba obrando a mi favor.

Mi esposo y yo regresamos a casa, a una noche más sin dormir. Aún no teníamos la certeza de ir a la clínica al día siguiente para la hospitalización. La doctora me entregaría el informe del resultado del examen el día siguiente en la mañana, pues esa noche lo escribiría. Me repitió en varias ocasiones, que llegara temprano a recoger el informe y preparada para quedarme hospitalizada, incluso me entregó la orden para ello.

Consultamos con mi esposo y hermanos la sugerencia de la doctora y decidimos que esperaríamos hasta el día siguiente.

La mañana llegó. No sé si fue la angustia por las palabras de la doctora o realmente mi condición iba en deterioro, pero yo me sentía muy mal. Me tomé la presión arterial y la frecuencia cardíaca y ambas estaban elevadas. Fue entonces cuando dije a mi esposo: *"Creo que me voy a hospitalizar, voy a atender la sugerencia de la doctora. Voy contigo a recoger los resultados y me voy preparada para quedarme."*

La respuesta de mi esposo fue: *"¿Quieres llamar a mi hermano para comentarle?"* Mi respuesta fue afirmativa. Así que lo llamamos por teléfono, le comentamos la situación, le preguntamos cuál era su criterio y él respondió que estaba de acuerdo con la doctora, que era mejor que yo fuera hospitalizada para que me adelantaran los estudios necesarios y me brindaran la asistencia que yo estaba requiriendo, sobre todo porque la tensión arterial y la frecuencia cardíaca ya estaban elevadas.

Así que, sin más, con la ayuda de mi empleada, preparamos el bolso para salir a la clínica. Comuniqué a mis hermanos la decisión y, una vez más, les pedí que no dijeran nada a mis padres para no angustiarlos.

Justo cuando iba a salir para la clínica, recibí la llamada de mi madre. Me preguntó que cómo estaba. Le dije que con dolor fuerte y que en ese momento me dirigía a la clínica para recoger los resultados del examen que me habían realizado el día anterior.

Ella colgó el teléfono conmigo e inmediatamente llamó a una hermana de la fe, quien también es su comadre y compañera de oración, para orar por mí. Le dijo que yo estaba con mucho dolor y que iba en ese momento para la clínica. Oraron las dos por mí. Al colgar la llamada, mi madre sintió un fuerte escalofrío y comenzó a temblar. Unas vecinas la auxiliaron. De repente, su brazo izquierdo se inflamó y tornó de color rojo intenso: *"es una celulitis"*, dijo su vecina, quien es médico. Dicha celulitis en su brazo había brotado de un momento a otro.

Nos subimos al carro, mis dos hijos, mi esposo y yo. Mi esposo nos dejaría a mi hijo mayor y a mí en el hospital, luego llevaría a mi hijo menor al colegio y finalmente se iría a su trabajo. Así que llegamos al hospital, pedí a mi hijo que solicitara una silla de ruedas, puesto que ya no tenía ánimo ni fuerzas para caminar. El dolor y la dificultad al hacerlo eran muy grandes.

Amablemente, el vigilante acercó la silla de ruedas al vehículo y me ayudó a bajar. Al ver mi condición me hicieron un ingreso prioritario. Me recibió la enfermera, referí nuevamente mis síntomas desde el inicio, le entregué la orden de hospitalización que me había entregado la médica el día anterior y posteriormente me ingresaron a la sala de urgencias.

Se hizo el ingreso y pacientemente esperamos hasta que el médico neurólogo viniera a valorarme. El médico llegó aproximadamente a las once de la mañana. Cuando me vio hizo en su rostro una expresión de sorpresa. Aún me inquieta la razón para esto. Me preguntó si yo era Mónica y me dijo que ya había conversado con la neuróloga que me había realizado el estudio de electromiografía y estaba enterado sobre mi caso.

Luego me preguntó si me podía levantar y caminar. Le respondí que, con cierta dificultad, pero que sí podía hacerlo. Me pidió que lo hiciera y me ayudó a levantarme de la cama en la que estaba sentada. Cuando caminé, muy despacio y con gran dificultad, le preguntó a mi hijo si yo siempre caminaba de esa forma, a lo que mi hijo respondió que no.

En ese momento, el médico me dijo que concordaba con el diagnóstico de la neuróloga, Síndrome de Guillain-Barré". Por lo tanto, me ordenaría el tratamiento inmediatamente y ordenaría mi traslado para la Unidad de Cuidados Intermedios. Me explicó que era necesario ser internada en esa unidad pues mis signos vitales debían ser monitoreados todo el tiempo, sobretodo porque estaba presentando presión arterial y frecuencia cardíaca elevadas.

Esa tarde y noche no hubo cama disponible en la Unidad de Cuidados Intermedios, por lo que tuve que pasar la noche en urgencias. Mi hijo mayor y una intercesora de la iglesia se quedaron conmigo toda la tarde y en horas de la noche llegó mi esposo para acompañarme. Esa fue otra noche sin dormir debido a los fuertes dolores y calambres en las piernas, hasta altas horas de la madrugada, cuando el médico me suministró un fuerte analgésico para el dolor.

Pasó la noche y llegó la mañana del viernes. Llegaron las enfermeras de turno y me dijeron que debían conectarme a los aparatos electrónicos para el monitoreo. Allí vino el otro fuerte impacto. Quise ir al baño y las enfermeras y médico me comunicaron que no era posible, pues debido a mi patología presentaba alto riesgo de caída, por lo tanto, no me era permitido levantarme de la cama. Todo lo debía hacer desde allí.

Allí volvió la prueba de fe, con la misma Escritura que durante todas las noches había estado batallando en mi casa, puesto que unas semanas anteriores a comenzar a presentar los primeros síntomas, había recibido una promesa de parte de Dios:

"Pero los que esperan a Jehová tendrán nuevas fuerzas; levantarán alas como las águilas; correrán, y no se cansarán; caminarán, y no se fatigarán".
Isaías 40:31 RVR1960

Esa promesa cada día parecía estar más distante de mí. Mis piernas se debilitaban cada vez más y más. Ahora, el cuerpo médico ni siquiera me permitiría valerme por ellas para mi traslado.

Como siempre, traté que el impacto que el impedimento causó en mí, no fuera notorio ante mi acompañante. En ese momento me encontraba con una de las hermana de mi esposo. Una vez más me aferré a la Palabra de Dios, permaneciendo inconmovible ante cada nueva noticia que recibía y que no me era favorable:

> *"Los que confían en Jehová son como el monte de Sion, que no se mueve, sino que permanece para siempre."* Salmos 125:1 RVR 1960

Me trajeron el desayuno, y apenas pude comer un poco. La dificultad para tragar iba en aumento. Mi cuñada me alentó en gran manera para que tomara los alimentos, los partió de forma diminuta para facilitarme el proceso y aunque hice mi mejor intento, fue poco lo que pude comer. La tranquilicé diciendo:*"todo está bien, yo generalmente desayuno poco"*.

Transcurrió la mañana de manera tranquila. El médico neurólogo vino muy temprano a valorarme. Presentó sus excusas porque aún no me habían trasladado a la Unidad de Cuidados Intermedios y me aseguró que estaba haciendo todo lo posible para conseguirlo, pues mi tratamiento debía empezar de manera urgente.

Escribí enseguida a mis hermanos pidiéndoles que oraran para que el Señor obrara a mi favor, permitiendo que se desocupara una cama y me la asignaran. Unas dos horas después regresó el médico para informarme que ya estaba disponible mi cama y que en el transcurso de la tarde me trasladarían. Una vez más veía la Palabra de Dios cumplida a mi favor:

> *"Pedid, y se os dará; buscad, y hallaréis; llamad, y se os abrirá."* Mateo 7:7 RVR 1960

Posteriormente, me enteraría que la comadre de mi madre, al colgar la llamada con ella no dejó de orar por mí. Todo lo contrario, comentó que el Señor la había tenido en intercesión y guerra espiritual a mi favor hasta las 2:30 de la tarde de ese día.

La hermana compartió que, durante su oración, sintió del Señor, que había un fuerte espíritu de envidia contra mí, al punto que buscaba mi muerte y que la oposición que enfrentaba era grande. Pero que, de todas maneras, el Señor se había glorificado a mi favor y que esperáramos la victoria.

En ese momento recordé las palabras de mi padre cuando se enteró de mis síntomas, en una reunión del devocional matutino de la iglesia en la que mi madre oró por mí. sus palabras en esa ocasión fueron: *"Necesitamos orar con clamor y fe para desviar este espíritu destructor, hijo de la envidia, que han enviado contra nosotros. Bendiciones. Hija, eso fue lo que recibí, mientras tu mamá oraba por ti."* Y acompañó la petición con la siguiente Escritura:

"Cruel es la ira, e impetuoso el furor; mas ¿quién
podrá sostenerse delante de la envidia?"
Proverbios 27:4 RVR1960.

Así me encontraba yo, tratando de sostenerme, enfrentando un espíritu destructor, hijo de la envidia, en mi contra que trataba de derribarme. ¿De dónde provenía la envidia? ¿Valdría la pena preguntarle al Señor o saberlo? Lo cierto es que la misma Palabra de Dios nos enseña:

"Pues no luchamos contra enemigos de carne y
hueso, sino contra gobernadores malignos y
autoridades del mundo invisible, contra fuerzas
poderosas de este mundo tenebroso y contra
espíritus malignos de los lugares celestiales."
Efesios 6:12 NTV.

Saber de dónde provenía la envidia, quién o quiénes eran las personas envidiosas, era tal vez lo menos importante. Ya Dios lo había revelado de manera clara y precisa: el ataque provenía de un espíritu destructor hijo de la envidia. ¡Sí!, nuestra lucha no es contra carne ni sangre, no es contra personas, contra seres humanos. ¡No! Es contra el mundo invisible de maldad que se aprovecha de esos sentimientos de otras personas en nuestra contra, para trazar un plan cuyo objetivo es despojarnos, matarnos y destruirnos. Propósito contrario al propósito de Dios para nuestra vida:

"El propósito del ladrón es robar y matar y destruir; mi
propósito es darles una vida plena y abundante."
Juan 10:10 NTV.

¿Que debía hacer yo ante esta revelación que desde un inicio el Señor había dado y que ahora, en Su amor y fidelidad, estaba confirmando y recordándonos? Pues debía seguir el consejo bíblico:

"Por lo tanto, pónganse todas las piezas de la armadura de Dios para poder resistir al enemigo en el tiempo del mal. Así, después de la batalla, todavía seguirán de pie, firmes."

Efesios 6:13 NTV.

Me encontraba yo, entonces, en medio de una batalla espiritual que tenía unas repercusiones en mi cuerpo físico, es decir en lo natural. ¿Cómo podría yo permanecer firme ante el ataque de este espíritu destructor, hijo de la envidia? En la Palabra de Dios estaba la clave. Vistiendo toda la armadura de Dios.

"Defiendan su posición, poniéndose el cinturón de la verdad y la coraza de la justicia de Dios. Pónganse como calzado la paz que proviene de la Buena Noticia a fin de estar completamente preparados. Además de todo eso, levanten el escudo de la fe para detener las flechas encendidas del diablo. Pónganse la salvación como casco y tomen la espada del Espíritu, la cual es la palabra de Dios. Oren en el Espíritu en todo momento y en toda ocasión. Manténganse alerta y sean persistentes en sus oraciones por todos los creyentes en todas partes."

Efesios 6:14-18 NTV.

Cada revelación del Espíritu de Dios, cada síntoma de mi enfermedad que empeoraba, cada diagnóstico médico, en lugar de desalentarme, me llenaban de ánimo y fortaleza, pues había aprendido que en situaciones así, en realidad, es cuando se configura el escenario perfecto para la manifestación de un milagro, de parte de Dios, a tu favor y yo estaba allí, esperando el mío.

Llegó la hora del almuerzo. A la dificultad para la deglución se le sumó la inapetencia que ya presentaba. Por más que mi cuñada, la hermana de mi esposo, otro de los ángeles con piel que el Señor dispuso para mi bien en esta travesía, quien amablemente me acompañó esa mañana, se esforzó para que yo me comiera toda la comida que me habían traído del servicio de nutrición de la clínica, solo me tomé la sopa. Por otra parte, esperaba y daba gracias a Dios por mi traslado a la unidad de cuidados intermedios. En horas de la tarde, efectivamente me trasladaron. El resto del día transcurrió sin mayores novedades.

Llegó la noche y con ella nuevamente el dolor. Esa sería mi última noche de dolor intenso. De todas maneras, la noche para mi acompañante, esta vez el turno fue para mi hermano menor, no fue muy placentera al comienzo, pues como desde hacía muchas noches, yo no dejaba de quejarme por el fuerte dolor. Mi hermano pacientemente me ayudó a levantarme de la cama para estirar mis piernas, también oró por mí. No obstante, el dolor persistió, hasta que el médico vino y me aplicó en esta ocasión, dos analgésicos, uno para calmar el dolor y otro para poder dormir. Eso fue un gran alivio para mi hermano, quien, por amor, cansado de una jornada de un día de trabajo, muy cariñosamente se había ofrecido a acompañarme durante la noche, otro de mis ángeles con piel. Jocosamente recuerdo sus palabras al médico cuando indicó cuáles serían los medicamentos que me suministrarían: *"eso doctor, dele algo para que la duerma."*

Pasó la noche del viernes y llegó el sábado. Ese sería un gran día. La mañana inició con bastante movimiento. Me despertaron a las cinco de la madrugada para tomar muestra de sangre y para bañarme. *"No puedes ir al baño, debemos bañarte en la cama"*. Fueron las palabras de una de las enfermeras. *"Debido a tu patología, no puedes levantarte de la cama sino cuando el médico así lo indique o cuando venga la fisioterapeuta para los ejercicios"*. Esas palabras fueron intensas, desalentadoras.

Comprendo, respondí a la enfermera, tratando de ocultar mi desánimo. *"Pero, ¿me puedes lavar el cabello, por favor? Tengo varios días sin lavarlo y necesito hacerlo"*, pregunté a la enfermera. *"¡Claro que sí! Podemos hacerte todo cuanto tú quieras, pero en la cama"*, fue su amable respuesta. Así fue, como pacientemente, la enfermera lavó mi cabello, luego me bañó y me vistió. Un largo día me esperaba.

Llegó la terapista de respiración. *"Debemos hacer ejercicios de respiración y medir tu fuerza de inspiración y de expiración"*, me explicó. *"De esa manera vigilamos tus músculos torácicos y podemos identificar si estos están perdiendo fuerza"*. Presté mucha atención a las instrucciones y me esforcé por hacer los ejercicios de la mejor forma posible. Los valores fueron excelentes, me indicó la terapista. Di gracias a Dios por ello, pues no presentaba síntomas de compromiso en la respiración.

Finalizada esta terapia, vino la hora del desayuno. Mientras desayunaba, pasó la ronda médica. Expusieron mi caso, me valoraron para examinar mi fuerza y motricidad y me informaron que en el transcurso del día me colocarían el catéter, para iniciar el tratamiento de plasmaféresis. Me harían también la punción lumbar.

En medio de toda esta conmoción, Dios alegró mi corazón. Mi hermana menor llegó desde su ciudad de residencia, a 7 horas de Cartagena, para pasar conmigo el fin de semana allí en la Clínica. Su solo llegada me devolvió las fuerzas, la fe, la alegría y la energía. Yo ya no era la misma. Su presencia me infundía seguridad y protección. Era como si parte de mi carga se pusiera sobre ella y yo recibiera alivio y descanso. Uno de mis más amados ángeles con piel había llegado.

"Sobrellevad los unos las cargas de los otros, y cumplid así la ley de Cristo".

Gálatas 6:2 RVR1960

"Pero acerca del amor fraternal no tenéis necesidad de que os escriba, porque vosotros mismos habéis aprendido de Dios que os améis

unos a otros." 1 Tesalonicenses 4:9 RVR1960 .

En el transcurso de la mañana, pasó por mi habitación el médico neurólogo para seguir mi evolución. Me expresó que me encontraba bastante bien y me confirmó que ese día irían a colocarme el catéter, para iniciar el tratamiento de plasmaféresis; me indicó también en qué consistía esa terapia. De igual manera me dijo que más tarde regresaría, para realizarme la punción lumbar. Siempre recordaré la expresión de sorpresa y, tal vez, incertidumbre en el rostro del médico cuando me valoraba. Decía: *"sí, tienes esta patología, pero tú estás bien, estás muy bien, realmente"*. Él no entendía porque mi condición no era la esperada para esa enfermedad y para el tiempo que había transcurrido ya desde los primeros síntomas.

Posteriormente, llegó la fisioterapeuta. Ese era mi mejor momento del día, pues era cuando me permitían levantar de la cama y caminar. Eso, era lo que más anhelaba en las circunstancias en las que me encontraba.

Finalizó la terapia y llegó el médico que me colocaría el catéter. El médico me explicó el procedimiento que me realizarían y el lugar de mi cuerpo en el que insertarían el catéter: en la arteria yugular. La colocación del catéter no fue una experiencia tan agradable para mí. Iniciando por la posición incómoda en la que debía estar para que el médico trabajara en mi cuello, se le sumó que fue un procedimiento un poco largo y doloroso, a pesar de la anestesia que me habían colocado.

Pero, bueno… finalmente se cumplió el objetivo y lograron colocar el catéter. Ya estaba un poco más cerca del inicio del tratamiento. Llegó la hora del almuerzo y luego un poco de descanso.

El turno ahora era para la punción lumbar. Llegó, nuevamente, el médico neurólogo y me dijo: *"Ahora sí te vamos a realizar la punción lumbar"*. También amablemente me explicó en qué consistía el procedimiento.

Junto con la enfermera me preparó y me ayudaron a colocar en la posición correcta para poder extraer el líquido de mi columna, que posteriormente sería analizado.

Debo decir, que ese fue un procedimiento rápido e indoloro. Di muchas gracias a Dios por esas manos delicadas que puso a mi disposición para esa punción, al igual que al médico. *"Bueno, Mónica. Ahora debes permanecer dos horas acostada en posición plana. Además, puede que sientas un poco de dolor en la espalda y de dolor de cabeza".* Me indicó, el médico. *"¡Dos horas! Eso es demasiado tiempo para estar acostada prácticamente inmóvil",* pensé. No obstante, acaté muy bien las instrucciones. Creo que el Señor estaba moldeando mi paciencia, un fruto del Espíritu Santo no muy evidente en mí.

"Mas el fruto del Espíritu es amor, gozo, paz, paciencia, benignidad, bondad, fe, mansedumbre, templanza; contra tales cosas no hay ley." Gálatas 5:22-23 RVR1960

Estaban finalizando las dos horas de recuperación, luego de la punción lumbar, cuando observé que se acercaba un enfermero o tal vez técnico con una máquina. *"Buenas noches. Venimos a realizarle una radiografía de tórax a la señora Mónica Ospino",* dijo amablemente a mi hermana. *"¡Claro que sí! Faltan pocos minutos para que finalicen las dos horas que debe estar en reposo".* Respondió ella.

"No hay inconveniente alguno. Ella puede permanecer en esa posición mientras le tomamos le radiografía". Replicó el joven. Por lo que procedió a acomodar la máquina y tomar la placa. Como dije anteriormente, ese sería un largo día. Eran las siete de la noche y los procedimientos aún no habían finalizado para mí.

Salió el joven con la máquina de radiografías cuando veo que otra máquina se acerca y otro joven con ella. *"Buenas noches. Me presento. Soy enfermero jefe"* Dijo el joven. *"Vengo a realizarle la terapia de plasmaféresis a la señora Mónica Ospino".* Continuó.

Muy diligente y cuidadosamente, el enfermero jefe comenzó a preparar la máquina y todos los insumos para iniciar el tratamiento. Mientras realizaba la preparación, nos explicaba a mi hermana y a mí, en qué consistía la terapia de plasmaféresis y cómo funcionaba la máquina. También se acercó el médico intensivista de turno. Me explicó nuevamente en qué consistía el procedimiento que me iban a realizar y me indicó que era posible que manifestara algunos síntomas. De hecho, me aseguró que sentiría algo, pero no me podía precisar qué, puesto que cada paciente es único, así como su experiencia y respuesta del organismo al tratamiento.

Inició la terapia, aproximadamente, a las ocho de la noche; habían transcurrido aproximadamente 20 minutos cuando los primeros síntomas de reacción de mi organismo se comenzaron a manifestar. Los ojos me comenzaron a llorar, por lo que le pedí a mi hermana que me pasara una servilleta de manos para secarlos. Cuando ella se acercó para entregármela, detalladamente me observó y se dio cuenta que mi ojo derecho estaba sumamente inflamado. Inmediatamente llamó al médico, quien vino rápidamente y me dijo que efectivamente eso hacía parte de la respuesta del organismo al tratamiento, como me había indicado anteriormente.

Minutos después comencé a temblar. Un gran escalofrío se apoderó de todo mi cuerpo. Nunca había sufrido un escalofrío tan fuerte como ese. Sentía que no podía controlar mi boca y los dientes chocaban unos con otros, los de arriba con los de abajo. Mi hermana rápidamente se acercó a mí y me abrigó muy bien, me tapó con tres cobijas. No obstante, el escalofrío persistía, por lo que pedimos regular la temperatura de la habitación.

Una vez pasado el escalofrío, comencé a sentir picazón en mi cuerpo, me revisé, era un nuevo síntoma; estaba haciendo una reacción alérgica con brote en el cuerpo. Llamaron nuevamente al médico y éste ordenó que me colocaran medicamento antialérgico.

Los síntomas se fueron calmando y la terapia continuó tranquilamente. Solo la incomodidad del catéter y las mangueras que transportaban la sangre desde mi cuerpo hacia la máquina y viceversa. A pesar del malestar que aún sentía, la terapia se hacía amena por la conversación con el enfermero y mi hermana. Debo decir que ese enfermero jefe fue otro ángel con piel que Dios puso alrededor de mí. Su trato amable y respetuoso me brindaba paz, confianza y tranquilidad mientras me hacían la terapia, que esa primera noche duró aproximadamente cuatro horas y media.

Eran alrededor de las doce y media de la noche cuando el procedimiento finalizó. El joven prometió regresar a primera hora al día siguiente para la segunda terapia y nos dijo que él mismo se encargaría de hacerme las cuatro restantes. Pues los médicos habían determinado que serían cinco las sesiones que yo requería.

Finalizada la terapia y después que retiraron la máquina y que el enfermero abandonó la habitación, procedí a cenar. ¡Sí, cenar! A las doce y media de la noche. Terminé de cenar, pedí a mi hermana que me alcanzara lo necesario, para cepillarme mis dientes. Inmediatamente llegó la enfermera a la habitación para colocarme los medicamentos de la noche. Ese había sido un día largo. Me colocaron los medicamentos, mi hermana leyó varios Salmos de protección para mí y me quedé inmediatamente dormida en la misma posición en la que me encontraba en la cama. Ni siquiera tuve oportunidad de acomodarme, el cansancio me venció. Ese, sin lugar a dudas, había sido un largo día.

Esa fue la primera, después de muchas noches, que pude

dormir tranquila. No desperté con dolor. La oración de fe de mi hermana y la declaración de la palabra de Dios a mi favor habían hecho una gran diferencia, al punto que temprano en la mañana llegó la enfermera, como era rutinario, a tomar la muestra de sangre y yo no sentí, no me desperté. Esa noche, una vez más, pude ver cumplida esta hermosa promesa en mi vida:

"En paz me acostaré, y asimismo dormiré; porque solo tú, Jehová, me haces vivir confiado." Salmos 4:8 RVR 1960.

Llegó la mañana del domingo, desperté con la expectativa del inicio de la segunda terapia de plasmaféresis que me haría a las ocho de la mañana. No obstante, el enfermero no pudo llegar a la hora acordada. No contábamos con que ese día había un evento deportivo y la vía estaría cerrada unas horas. Mientras esperaba, llegó el neurólogo a valorarme. Era mi mejor momento del día, pues podía levantarme de la cama.

Al hacerlo, el milagro de sanidad que Dios venía obrando en mí comenzó a manifestarse. Al colocarme de pies, de repente, literalmente de la noche a la mañana, mi pie derecho, que ya no daba para enderezar desde hacía unos días, se había enderezado. La expresión de asombro y alegría de mi parte fue indescriptible. Además, pude caminar con una leve mejoría visible. Nuevamente, la expresión de asombro en el rostro del médico era indescriptible: *"vas muy bien, Mónica. Te veo muy bien."*

En ese momento recordé la definición de la "gloria de Dios" que, por meses, me hizo el Señor enseñar en mi iglesia a finales del año 2021 y aún a inicios del 2022. *"La gloria de Dios es la manifestación de Su presencia impactando nuestros sentidos"*. Una vez más se cumplía que cada mensaje que predicamos debe probarse ser veraz primero en nosotros mismos.

Allí estaba la gloria de Dios manifestada, su presencia se hacía notoria, impactando no solo mis sentidos sino los de todos los que estaban conmigo y seguían de cerca mi caso.

Mis ojos y los de ellos podían ver la gloria de Dios en mi vida. Si, justo como aconteció con Moisés en el desierto y la zarza que ardía, pero no se consumía:

"Y se le apareció el Ángel de Jehová en una llama de fuego en medio de una zarza; y él miró, y vio que la zarza ardía en fuego, y la zarza no se consumía." Éxodo 3:2 RVR1960.

Dios es omnipresente, está en todas partes. También es Espíritu, y como Espíritu no podemos verlo con los ojos naturales, le sentimos espiritualmente. Pero hay momentos en que Él decide dejarse sentir, percibir por nuestros sentidos naturales. Es cuando Su presencia se hace manifiesta y percibimos la gloria de Dios. Cada milagro en la vida de alguien, es una manifestación de la presencia, de la gloria de Dios. Nada puede seguir igual luego de experimentar la presencia del Dios Todo Poderoso. **¡Toda atadura se suelta, toda enfermedad se sana, todo problema se resuelve cuando Dios se hace presente y su gloria se manifiesta! ¡Allí estaba Dios conmigo, mi milagro estaba aconteciendo y dejándose ver!**

"Ahora bien, el Señor es el Espíritu; y, donde está el Espíritu del Señor, allí hay libertad."

2 Corintios 3:17.

Finalmente, el enfermero llegó a eso de las once de la mañana. Con la diligencia acostumbrada comenzó a preparar todos los insumos y la máquina para el tratamiento, mientras, nuevamente, nos explicaba con mayores detalles en qué consistía el procedimiento.

Comenzó la segunda terapia y a los pocos minutos los síntomas de reacción alérgica también. El médico de turno actuó más apresuradamente, ordenó colocarme los medicamentos antialérgicos inmediatamente y solicitó a la enfermera jefe que se quedara todo el tiempo de duración del tratamiento en la habitación conmigo, vigilando mis signos vitales y síntomas.

Afortunadamente, los síntomas desparecieron esta vez más rápidamente.

Posteriormente me informaron que ya no me realizarán más la terapia con plasma. En lugar de plasma usarían albumina para evitar las reacciones alérgicas. Las cuales, hasta el momento, habían sido severas.

Ese domingo me conecté a la iglesia virtual y desde mi cama de hospital seguí la Escuela Dominical a través de la página de Facebook de la iglesia. Finalizado el servicio, los pastores y hermanos misioneros que estaban de visita me visitarían; a eso del mediodía comenzaron a llegar.

Primero, tuve la agradable visita de la hermana Betty Hastings, a quien más que una hermana espiritual, la considero familia de sangre. Nos conocimos aproximadamente en el año 2000 y, desde entonces, un vínculo especial nos ha mantenido unidas. Conversamos por un largo rato y luego oró por mí. Me comentó sobre la Escritura de la envidia que en días pasados mi papá había recibido. Me aseguró que el Señor se encargaría de mostrarme a esas personas. Que no tuviera temor, que confiara, porque el Señor mismo les daría la paga por sus acciones.

"No os venguéis vosotros mismos, amados míos,
sino dejad lugar a la ira de Dios; porque escrito
está: Mía es la venganza, yo pagaré, dice el Señor".
Romanos 12:19 RVR 1960

Inmediatamente salió la hermana Betty, ingresó mi papá a verme. Creo que su visita no duró más de un minuto, porque llegó justo en el momento en que me realizaban la terapia y ver todos esos cables y la sangre corriendo creo que fue impactante para él, ya que me comentó, posteriormente, que no resistió verme así y sintió muchas ganas de llorar, por lo que solo alcanzó a pronunciar unas pocas palabras: *"Hola hija, ¿Cómo estás?"* Mi respuesta fue: *"Bien papi. ¿Cómo está usted?" "Bien"*, me respondió. *"Bueno, nos vemos"*. Continuó diciendo e inmediatamente salió de la habitación.

Creo que el sentimiento de mi papá en esos momentos fue como el de Jacob cuando pensó que no volvería ver a José, pues creía que había muerto:

> *"Y se levantaron todos sus hijos y todas sus hijas para consolarlo; mas él no quiso recibir consuelo, y dijo: Descenderé enlutado a mi hijo hasta el Seol.*
>
> *Y lo lloró su padre."* Génesis 37:35 RVR1960.

Pasados unos minutos, llegó la misionera Suzanne Sewell-Mayo, a quien cariñosamente llamo *"mom"*, pues la estimo como a una madre. También tuve una conversación muy amena con ella. Esas conversaciones me hacían cambiar el foco de mi enfermedad por un momento y despejar mi mente. Realmente, me hacía mucho bien cada visita. Al final, la hermana también oró por mí.

Salió la hermana Suzanne e inmediatamente entró su esposo, el Coach JD Mayo. También conversó amenamente conmigo, declaró Palabra a mi vida, infundiéndome fe y finalmente oró por mí. Salió de la habitación y el turno fue para el Pastor Senior de nuestra iglesia en USA, Harry Lee Sewell. Conversó conmigo por un momento y también oró. Definitivamente, ese había sido un gran día, y estos ministros habían dado una demostración de verdadero amor y lo que significa ser cristiano. Hicieron exactamente lo que el Señor espera y demanda de nosotros cuando hay enfermos en la familia de la fe:

> *"Porque tuve hambre, y me disteis de comer; tuve sed, y me disteis de beber; fui forastero, y me recogisteis; estuve desnudo, y me cubristeis; enfermo, y me visitasteis; en la cárcel, y vinisteis a mí. Entonces los justos le responderán diciendo: Señor, ¿cuándo te vimos hambriento, y te sustentamos, o sediento, y te dimos de beber? ¿Y cuándo te vimos forastero, y te recogimos, o desnudo, y te cubrimos? ¿O cuándo te vimos enfermo, o en la cárcel, y vinimos a ti? Y respondiendo el Rey, les dirá: De cierto os digo que en cuanto lo hicisteis a uno de estos mis hermanos*

más pequeños, a mí lo hicisteis." Mateo 25:35-40

La tarde del domingo transcurrió sin mayores novedades para mi hermana y para mí. Yo presentaba una gran mejoría, ya que los fuertes dolores iban cesando y pasaba prácticamente el día sin ningún dolor; solo en la noche regresaban un poco. Afortunadamente, el fuerte medicamento que me administraban me ayudaba a dormir, así como la oración que mi hermana menor hacía por mí cada noche y la lectura de los Salmos. Realmente, esa oración y esos Salmos hacían la diferencia. En gran manera me había impactado el Salmo 64 que de manera específica ella había recibido para declarar sobre mi vida:

"Escucha, oh Dios, la voz de mi queja; guarda mi vida del temor del enemigo. Escóndeme del consejo secreto de los malignos, de la conspiración de los que hacen iniquidad, que afilan como espada su lengua; lanzan cual saeta suya, palabra amarga, para asaetear a escondidas al íntegro; de repente lo asaetean, y no temen. Obstinados en su inicuo designio, tratan de esconder los lazos, y dicen: ¿Quién los ha de ver? Inquieren iniquidades, hacen una investigación exacta; y el íntimo pensamiento de cada uno de ellos, así como su corazón, es profundo. Mas Dios los herirá con saeta; de repente serán sus plagas. Sus propias lenguas los harán caer; se espantarán todos los que los vean. Entonces temerán todos los hombres, y anunciarán la obra de Dios, y entenderán sus hechos. Se alegrará el justo en Jehová, y confiará en él; y se gloriarán todos los rectos de corazón."
Salmos 64: 1 -10 RVR1960.

Amaneció el lunes. Por primera vez, desde que tenía uso de razón, había olvidado esa fecha especial. Era el cumpleaños de mi hermana y allí estaba ella conmigo, internada en la habitación. De repente lo recordé y pensé. Voy a llamar a mi hermano para pedirle que la lleve a desayunar a su restaurante favorito en la ciudad para desayunar. Sabiendo que ese mismo día debía emprender el viaje de regreso a su casa, pensé: *"tal vez, no es buena idea. Hará que se retrase su salida. Ya habrá otra oportunidad para celebrar"*.

Estaba aún ese pensamiento en mi mente cuando su teléfono timbró. Era mi hermano para felicitarla. Por la conversación intuí que le preguntaba si tenía planes para ese día. A lo que ella respondió que no. Que habría otras oportunidades para celebrar. De repente, logré escuchar que le dijo que si le gustaría ir a desayunar a su restaurante favorito antes de viajar. Se llenó de alegría mi corazón. Es increíble ver cómo los corazones de los hermanos están conectados. Mi hermano tuvo el mismo pensamiento que tuve yo y, a la vez, mi hermana también había tenido el mismo. Mucho más increíble es ver cómo Dios se ocupa de los detalles más pequeños que son importantes para nosotros.

Sí, en realidad era muy importante para mí que el cumpleaños de mi hermana no pasara desapercibido porque yo estaba internada en una clínica. Y sé que también era un momento de refrigerio e importante para mi hermana, quien ese día emprendería el viaje para estar nuevamente a varias horas de distancia de nosotros. ¡Gracias Dios, porque Tú sabes lo que deseamos aún antes de lo que te lo expresemos!

> *"Y antes que clamen, responderé yo; mientras aún hablan, yo habré oído."* Isaías 65:24 RVR1960.

> *"Deléitate asimismo en Jehová, Y él te concederá las peticiones de tu corazón."*
> Salmos 37:4 RVR1960.

Así que mi hermana, con la promesa de regresar el fin de semana a visitarme, se despidió de mí. Yo, mientras tanto, me quedé en mi habitación acompañada por una de mis hijas espirituales, quien amablemente se ofreció a acompañarme ese día, y esperando la llegada del joven con la máquina de plasmaféresis para realizar la tercera terapia. ¡Sí! Ya era la tercera. Por fortuna el tiempo iba transcurriendo, los días iban avanzando y el final de mi tratamiento se acercaba. Cada día que transcurría, el catéter que tenía incrustado en el cuello en mi vena yugular se hacía menos soportable. Anhelaba que llegara el día en que lo retirarían, especialmente por todas las advertencias que me habían hecho sobre el riesgo que existía que éste se infectara. Esa era una petición más en mi lista: *¡Señor, no permitas que este catéter se infecte, por favor! ¡Mantenlo cubierto y mantén las bacterias alejadas de mí, por favor!*

Los días transcurrían lentamente en el hospital. Yo no veía la hora en que terminaran de administrarme el tratamiento de Plasmaféresis y me retiraran el catéter que habían colocado a la altura de mi cuello en la yugular. Además de la incomodidad que me causaba para dormir o girar el cuello en sus movimientos normales, existía el riesgo de infección que previamente me habían advertido. El tratamiento había iniciado un sábado, solo era necesario esperar hasta el miércoles para finalizarlo y retirar el catéter.

Llegó por fin el miércoles. El día anhelado. Ese último día la terapia pareció durar más que todos los demás días. Los minutos que se volvían horas de tratamiento se hacían interminables. Cuando la máquina hizo su sonido indicando la finalización del tratamiento, un gran suspiro salió de mí y un sentimiento de agradecimiento hacia Dios. Había terminado. Mi organismo había resistido esos cinco días. El catéter no se había infectado. Todo gracias a la fidelidad infinita de Dios.

Ahora solo debía esperar las siguientes directrices médicas. Me mantuvieron en observación el resto de ese día. El jueves me retiraron el catéter, por fin, y me dieron la súper noticia que sería trasladada a piso. Ya no había razón para seguir en la Unidad de Cuidados Intermedios. La gloria de Dios seguía manifestándose en mi vida.

Por fin era viernes, el día más anhelado. El médico tratante me visitó, entró a mi habitación y me dijo: *"Mónica, te vas para tu casa. Ya no tengo ninguna razón para tenerte aquí. Tú estás muy bien. El tratamiento funcionó en ti de manera rápida"*.

¡Gloria a Dios! Su extraordinario poder obrando en mi salud.

Los médicos me habían dicho: *"No te angusties, no te desesperes. Las personas toman su tiempo para recuperarse y volver a caminar. Algunas un mes; otras, tres meses, tal vez seis meses, un año o hasta dos".* Pero Dios dijo: *"¡No! Tú entraste caminando y saldrás caminando, tal como me lo pediste, para mostrar que yo soy Dios que cumplo lo que he dicho en mi Palabra":*

> *"Porque los ojos de Jehová contemplan toda la tierra, para mostrar su poder a favor de los que tienen corazón perfecto para con él..."* 2 Crónicas 16 : 9a RVR1960.

Días Post - Hospitalización

Llegué a casa luego de más de una semana en el hospital. La alegría realmente invadía mi corazón y el de toda mi familia: mis padres, mi esposo, mis hijos, mi fiel asistente de casa y todos los que esperaban mi regreso.

Bajarme de nuestro vehículo caminando, por mis mismos medios y prácticamente sin requerir ayuda era un testimonio tangible del poder de Dios manifestado en mi vida. Las condiciones físicas en las que regresaba a casa eran muy diferentes a aquellas con las que había salido de ella para el hospital nueve días atrás.

Comenzaba una nueva fase en el proceso: la recuperación total de las fuerzas y de la marcha, sesiones de fisioterapia, terapia ocupacional, visitas a médicos de diferentes especialidades serían necesarias.

Ante cada sesión y entrevista con los médicos y terapistas la conclusión era la misma: *"Tú estás muy bien, Mónica. Te has recuperado muy rápido. Esto es maravilloso. Te recuperarás totalmente y no quedará ninguna secuela en ti."*

Tal vez la reacción que más me impactó fue la del médico cardiólogo cuando leyó mi historial clínico y me realizó el examen físico. Su expresión fue de total asombro: *"¿Qué pasó aquí? ¡No entiendo! ¿Qué podemos decir? ¿Que a ti todo en todo te fue excelente? El tratamiento de plasmaféresis te funcionó a perfección. Tú te recuperaste a perfección en tiempo récord. ¡Yo no entiendo!"*

A su asombro mi respuesta fue: *"Yo sí entiendo que pasó. Yo tengo un Dios grande al que sirvo. Él escuchó mi clamor y el de tantas personas que oraron por mí y ésta es la evidencia de Su respuesta".* Ya el Señor me había dicho:

> *"Porque yo estoy contigo, y ninguno pondrá sobre ti la mano para hacerte mal, porque yo tengo mucho pueblo en esta ciudad."* Hechos 18 : 10 RVR1960.

Cada diagnóstico y conclusión de los médicos confirmaba

el anuncio que Dios había hecho desde el principio aquella mañana de domingo en la iglesia:

"Y cantan el cántico de Moisés siervo de Dios, y el cántico del Cordero, diciendo: Grandes y maravillosas son tus obras, Señor Dios Todopoderoso; justos y verdaderos son tus caminos, Rey de los santos."

Apocalipsis 15 : 3 RVR1960.

No obstante, cada día traía sus propios retos y afanes, así como más pruebas de fe y paciencia para mí. Algo que toda madre anhela, es acompañar a sus hijos en las nuevas etapas que llegan a sus vidas. Mi hijo mayor, se acababa de graduar de la secundaria e ingresaba a la universidad. Había sido admitido en una universidad en la capital del país y mis planes y deseos eran acompañarlo en su primer viaje para instalarlo en el apartamento donde se hospedaría y poder asegurarme que todo estuviera bien para el inicio de su nueva etapa de formación.

Contrario a mis anhelos, cuando consulté con los médicos si era recomendable un viaje en avión hacia la ciudad de Bogotá, la respuesta contundente de todos, fue: *"¡No! Tu cuadro está muy reciente, Mónica y, aunque te has venido recuperando de manera rápida y sorprendente, un viaje en avión y a una ciudad de tal altura como lo es Bogotá, no sería recomendable para ti. Así que definitivamente, no. No debes ir".*

Ante la respuesta de todos los médicos, tuve que resignarme a acompañar a mi hijo al aeropuerto y despedirlo desde allí. Levantar una vez más el escudo de la fe y confiar en que Dios cuidaría de mi hijo, que su ángel iría delante de él, abriendo el camino y ayudándolo en todo lo que necesitara. Recuerdo en unas de mis tantas oraciones por su viaje, sentir que el Señor me recordaba las palabras que una vez habló sobre Ciro el grande, rey de Persia y, que era la confianza que él quería que yo tuviera sobre su actuar con mi hijo:

"Yo iré delante de ti, y enderezaré los lugares torcidos; quebrantaré puertas de bronce, y cerrojos de hierro haré pedazos; y te daré los tesoros escondidos, y los secretos muy guardados, para que sepas que yo soy Jehová, el Dios de Israel, que te pongo nombre." Isaías 45:2 - 3 RVR1960.

Así obra Dios, de maneras maravillosas, cuidando de los más pequeños detalles. Él sabía cuán importante era para mí, saber que mi hijo estaría bien, así que, para mi tranquilidad, tuvo a bien, recordarme aquella hermosa escritura del rey Ciro.

Hoy, seis meses después de haber sido diagnosticada de esa enfermedad que, pudo haber sido fatal o por lo menos haber causado algún tipo de discapacidad en mí, según el criterio de los médicos, por todo el tiempo que transcurrió antes del diagnóstico y el tratamiento, realmente puedo dar testimonio que el Señor detuvo esa enfermedad en mí, tal como yo se lo pedía en las madrugadas cuando entre lágrimas le rogaba que, así como Él le pone límites al mar, le pusiera límite al adormecimiento que se estaba apoderando de todo mi cuerpo y, que yo podía sentir, aunque los exámenes médicos no lo revelaban.

"¿Quién encerró con puertas el mar, cuando se derramaba saliéndose de su seno, cuando puse yo nubes por vestidura suya, y por su faja oscuridad, y establecí sobre él mi decreto, le puse puertas y cerrojo, y dije: Hasta aquí llegarás, y no pasarás adelante, ¿y ahí parará el orgullo de tus olas?"

Job 38 : 8-11 RVR1960.

Así tal cual pasó en mi cuerpo. El Señor le puso un límite al adormecimiento en mi cuerpo y aunque se esperaba que éste ascendiera hasta mis músculos torácicos e impidiera mi respiración, esto nunca aconteció porque el Señor le puso puerta y cerrojo y le dijo: *"hasta aquí llegarás y no pasarás adelante"*, y hasta ahí llegó y no pasó adelante.

Así es que me encuentro totalmente restablecida y sin limitaciones físicas. Reintegrada plenamente a mis actividades laborales, ministeriales y en el hogar.

Acciones de gracias y alabanzas a mi Dios, Señor, Creador y Sanador por Su obra en mí. Una vez más como Job puedo exclamar:

> *"Yo conozco que todo lo puedes, y que no hay pensamiento que se esconda de ti. De oídas te había oído; mas ahora mis ojos te ven."*
>
> Job 42 :2, 5 RVR1960.

Lecciones Aprendidas

Soy Ingeniera de Sistemas de profesión, tengo una maestría en Dirección Estratégica de Tecnologías de Información y cuando me aconteció esta eventualidad me encontraba cursando un Doctorado en Dirección de Proyectos. Imparto la cátedra de Gestión de Proyectos de Ingeniería de Software en el Pregrado y Gerencia de Proyectos de Tecnologías de la Información y la Comunicación en la Maestría en la Universidad de Cartagena. Enseño a mis estudiantes la importancia de registrar las lecciones aprendidas en cada proyecto que dirigimos o gestionamos.

Mantener un buen registro de lecciones aprendidas nos ayuda a no cometer los mismos errores una y otra vez en cada nuevo proyecto, así como a replicar las buenas prácticas. Además, algo más importante, nos ayuda a dejar un legado para las futuras generaciones, para aquellos que vendrán después de nosotros, lo que les ayudará a aprender de las experiencias que otros han tenido. Tal vez por esto, me decidí a escribir este libro sobre mi experiencia en este viaje. Sin dejar de lado, el gran impulso que sentía en mi corazón de escribir mi historia como un testimonio maravilloso del poder de Dios.

> *"Y estas cosas les acontecieron como ejemplo, y están escritas para amonestarnos a nosotros, a quienes han alcanzado los fines de los siglos. Así que, el que piensa estar firme, mire que no caiga. No os ha sobrevenido ninguna tentación que no sea humana; pero fiel es Dios, que no os dejará ser tentados más de lo que podéis resistir, sino que dará también juntamente con la tentación la salida, para que podáis soportar."*
>
> I Corintios 10:11-13 RVR1960.

Sentía un latido muy fuerte en mi corazón que me indicaba la necesidad de escribir mi testimonio y contar mi historia.

No lo podía dejar simplemente a un relato en forma oral, pues en cada historia, estaba segura que omitiría detalles importantes y sentía que no debía obviar o dejar por fuera detalle alguno, pues cada detalle tendría un propósito específico y un destinatario específico que sería ministrado con la sola lectura.

Muchas personas, muchas congregaciones habían orado por mí, por mi sanidad, por mi recuperación y, sin lugar a dudas, Dios había escuchado y había respondido cada clamor. Había detenido el curso de la enfermedad cuando los médicos no daban con un diagnóstico, había usado la ciencia médica a mi favor, había usado las personas idóneas para tratarme, había dispuesto todos los recursos e instrumentos para mi tratamiento, me había traído medicina y me había curado. Yo debía asegurarme que el único merecedor de toda la gloria la recibiera. ¡Mi Dios Sanador y Todopoderoso!

> *"Hablaré de tus testimonios delante de los reyes, y*
> *no me avergonzaré."*
> Salmos 119:46 RVR1960.

Primera Lección: Debes creer a Dios cuando te habla aunque no entiendas lo que te dice.

Cuando mis noches de insomnio empezaron, pasaba las noches en vela: orando, alabando y declarando la palabra de Dios. Recuerdo que en una de esas tantas noches en casa, sin dormir, pude sentir que Dios me hablaba y me decía que estaba tocando cada órgano y cada sistema de mi cuerpo. Que por medio de lo que me estaba sucediendo, estaba sanando cada área de mi cuerpo que estaba enferma o que no estaba funcionando bien.

Cuando ese pensamiento llegó a mi mente, no lo entendí. No entendí cómo era posible que Dios estuviera tratando todo mi cuerpo y que trabajaría cada área de mi organismo que necesitaba ser tratada. Era hora de poner en práctica lo que yo misma, muchas veces, había predicado y aconsejado a otros: *"Cree cuando Dios te hable, aunque no lo entiendas"*.

Días después, cuando me dijeron que me tratarían con una terapia que se llamaba Plasmaféresis, me empezaron a explicar en qué consistía y comencé a indagar en Internet más sobre ésta, comencé a entender lo que Dios me había dicho días antes. Ese intercambio en mi plasma sanguíneo, sería la técnica que Dios usaría para tratar cada órgano de mi cuerpo, pues la sangre pasa por todos ellos. Cuando esa luz iluminó mi entendimiento, comencé a darle gracias a Dios por someterme a ese tratamiento, por doloroso y molestoso que fuera.

> *"He aquí que yo hago cosa nueva; pronto saldrá a luz; ¿no la conoceréis? Otra vez abriré camino en el desierto, y ríos en la soledad."*
>
> Isaías 43:19 RVR1960.

Segunda Lección: Debes creer que Dios está obrando a tu favor aunque no tengas evidencia de ello.

Cuando mi condición de salud no mejoraba sino que empeoraba cada día, tomé la decisión de llamar a mi hermano mayor para contarle, con la esperanza que me diría que oraría por mí. Efectivamente así, fue. No sólo eso, sino que me dijo que oraríamos tres veces al día hasta que yo ya estuviera bien.

En esa primera oración, Dios me habló por medio de él. El mensaje lo compartí en unas páginas anteriores. Solo quiero recordar que en ese momento me dijo que mi salud ya no era la misma que la del día anterior. Que debía creer y confiar que Él me había tocado y que a partir de ese día mi salud no era la misma.

Los días iban transcurriendo y mi salud, lejos de mejorar, a mi parecer, cada día empeoraba, cada día me sentía más enferma, mis síntomas se acentuaban y cada día sentía más adormecimiento en el cuerpo, mayor dificultad para moverme y mayor dolencia. No tenía evidencia alguna en lo físico, que mi salud fuera mejor, por el contrario, cada día era peor, a mi juicio. No obstante, cuando oraba, le decía a

Dios:*"Tú me dijiste que mi salud ya no era la misma. Que me habías tocado, y yo te creo. Aunque no tengo evidencia alguna de que estás obrando a mi favor, yo creo que lo estás haciendo".* Con lágrimas en mis ojos le pedía que ayudara mi incredulidad. No quería perder mi milagro por la falta de fe.

> *"E inmediatamente el padre del muchacho clamó y dijo: Creo; ayuda mi incredulidad."* S. Marcos 9:24 RVR 1960.

Sí, así me encontraba yo, como el padre de aquel joven que suplicaba a Jesús por un milagro para su hijo. Yo creía. No obstante, las evidencias en contra de mi salud gritaban mucho más fuerte que las evidencias a favor de ella. Por eso debía pedirle a Dios que ayudara a mi incredulidad.

Tercera Lección: Cualquiera que sea tu situación, siempre hallarás una Palabra de Dios que se aplique a ella

Llevaba dos visitas a la sala de urgencias, tenía la asesoría de varios médicos, había sido atendida por el médico domiciliario, me habían realizado varios estudios de imágenes diagnósticas, aun así, no había recibido todavía un diagnóstico médico concluyente sobre mi salud. Sin embargo, algo estaba claro para mí: mi salud se deterioraba cada día más y mi cuerpo se adormecía cada vez más.

Para ese entonces, ya tenía dificultad para controlar mis esfínteres, pues tenía poca o nula sensación en ellos. Comía poco por la dificultad para mover mi lengua y tragar. No podía vestirme sola, pues ya no podía doblarme ni inclinarme. No lograba ponerme mis zapatos o sandalias. Necesitaba de la ayuda de mi esposo para levantarme de mi cama y para subir y bajar las escaleras de mi casa. Mi hijo había tenido que acompañarme a las últimas citas médicas, cargar mi bolso, sin su apoyo no podía caminar. Subirme al vehículo para acudir a las citas médicas se había convertido en una verdadera odisea.

Entonces, en una de mis noches de dolor, me llené de valor y le dije a Dios en oración: *"Señor, Tú le pones límites a las olas del mar. Tú le dices a ellas, hasta aquí llegan y hasta allí llegan.*

Ponle límite a este adormecimiento en mi cuerpo. Que no siga avanzando. Que no suba más en mi organismo y que, por el contrario, comience a retroceder."

"¿A mí no me temeréis? dice Jehová. ¿No os amedrentaréis ante mí, que puse arena por término al mar, por ordenación eterna la cual no quebrantará? Se levantarán tempestades, mas no prevalecerán; bramarán sus ondas, mas no lo pasarán." Jeremías 5:22 RVR1960.

Me aferré a esa Palabra y de allí en adelante comencé a declararla todo el día y toda la noche, todos los días. No tuve evidencia de que efectivamente Dios así lo hubiera hecho hasta varios días después cuando los médicos me dieron un diagnóstico: tienes un trastorno del sistema inmune del tipo de Guillain-Barré.

Cuando regresé a casa, después de esa cita médica y compartí con mis familiares el diagnóstico médico, vino la declaración de uno de los médicos de la familia que seguía de cerca mi caso: *"¡Gracias a Dios la enfermedad se detuvo! Esa enfermedad es ascendente. Avanza desde los pies hacia la parte superior del cuerpo. Puede llegar a paralizar los músculos torácicos y compromete el funcionamiento del sistema respiratorio, por lo que en muchas ocasiones, los pacientes deben ser puestos en ventilador. Pero la enfermedad no avanzó hasta allá en Mónica. Se detuvo".* Esas fueron sus palabras.

Cuando me explicaron que esa enfermedad sigue un patrón, que llega un tiempo en que alcanza su pico, luego se estabilizan los síntomas, posteriormente, el paciente puede llegar a mejorar, empeorar o estancarse en su evolución, allí entendí que efectivamente, Dios había detenido esa enfermedad en mí. Yo ya había pasado el tiempo del pico sin recibir el tratamiento médico requerido y mi condición física no había llegado al punto de comprometer mi respiración.

¡Bendito sea Dios! Le había puesto límite al adormecimiento en mi cuerpo. Le di gracias a Dios por haberme dado la Escritura específica para mi salud en el momento específico. El adormecimiento en mi cuerpo debía ser detenido y sólo aquel que tiene el poder para ponerle límites al mar, podía ponerle límites sin un tratamiento, sin un medicamento, solo por Su Palabra.

"Porque como desciende de los cielos la lluvia y la nieve, y no vuelve allá, sino que riega la tierra, y la hace germinar y producir, y da semilla al que siembra, y pan al que come, así será mi palabra que sale de mi boca; no volverá a mí vacía, sino que hará lo que yo quiero, y será prosperada en aquello para que la envié."

Isaías 55:10-11 RVR1960.

La palabra de Dios había salido de Su boca, había regado mi vida, y efectivamente no volvería a Él vacía. Había sido prosperada. El adormecimiento se había detenido, la enfermedad se había detenido y pronto empezaría a retroceder.

Cuarta Lección: En momentos de angustia, Dios es tu pronto auxilio y tu oportuno socorro

Una mañana en la clínica, mientras me realizaban la terapia de plasmaféresis, conversaba con el enfermero encargado del procedimiento. En ese diálogo creo que fue cuando entendí a profundidad lo que significa que Dios sea nuestro pronto auxilio y nuestro oportuno socorro. Si, podía recitar de memoria el Salmo 121, pero creo que hasta ese día no había entendido su primer mensaje:

"Alzaré mis ojos a los montes; ¿De dónde vendrá mi socorro? Mi socorro viene de Jehová, Que hizo los cielos y la tierra."

Salmos 121:1-2 RVR1960.

Desde niña, había aprendido parte del Salmo 46 a través de una alabanza, que sabía muy bien y disfrutaba cantar:

"Dios es nuestro amparo y fortaleza, nuestro pronto auxilio en las tribulaciones."

Salmos 46:1 RVR1960.

No obstante, hasta ese entonces no había sido consciente de cómo funciona ese pronto auxilio que Dios nos presta. Entonces en esa amena conversación, vino a mi mente una analogía. *"¿Qué hacen los paramédicos?"* Le pregunté al joven. Fue una pregunta retórica. No estaba esperando una respuesta de parte suya.

"Los Paramédicos son las personas que atienden los llamados realizados a ambulancias para brindar atención médica a víctimas de accidentes, violencia, enfermedades repentinas, ataques cardíacos, entre otras. Ellos son los que velan por el traslado de los pacientes a hospitales o centros de atención médica para que reciban los cuidados necesarios, manteniéndolos estables durante ese tiempo." Continué diciéndole al joven.

"Yo siempre he creído y he predicado a un Dios sanador y hacedor de milagros. En estos momentos podría estar dudando del obrar de Dios en mi vida. Cuestionándolo de porqué había permitido que yo llegara hasta la condición en la que me encontraba. ¿Por qué tenía que haber acudido a los médicos y a una clínica si Él era poderoso para sanarme sin usar nada de eso?

De hecho, cuando joven, mi abuela paterna, con quien acostumbraba orar, me decía que Dios me sanaba de cualquier enfermedad que yo tuviera, porque yo creía en Él como mi Sanador. ¿Qué había cambiado? ¿Había dejado de acudir en oración y con fe a Dios para ser sanada? ¿Había dejado Dios de ser mi Sanador? ¿Su poder para sanar se había acabado? ¿Esta enfermedad era demasiado grande para Él sanarla? De ninguna manera", enfaticé.

"Simplemente, en esta oportunidad Dios quería que yo lo conociera de otra manera, que le viera desde otra perspectiva, que entendiera lo que significa que Él sea nuestro pronto auxilio y oportuno socorro.

Sí, eso precisamente había sido para mí en esta oportunidad. Cuidadosamente había vigilado todo el tiempo que estuve en casa hasta mi traslado a la clínica. Me había mantenido estable, hasta colocarme en las manos de los profesionales que me aplicarían el tratamiento que necesitaba para mi sanidad y recuperación total".

Cuando terminé de explicarle eso, el joven se quebrantó. Abrió su corazón y me dijo que durante esos días en que había estado trabajando conmigo había entendido muchas cosas y agradecía a Dios por la oportunidad que había tenido de conocerme. Que mi testimonio, era un testimonio para él también. En ese momento, entendí que Dios tenía un propósito conmigo allí en la Clínica y con que fuera él precisamente quien me aplicara ese tratamiento, pues necesitaba escuchar lo que yo tenía que decir. Aún doy gracias a Dios por su vida y le pido que lo bendiga. Se estaba cumpliendo la Palabra que dice:

*"El cual nos consuela en todas nuestras
tribulaciones, para que podamos también nosotros
consolar a los que están en cualquier tribulación,
por medio de la consolación con que nosotros
somos consolados por Dios."*
2 Corintios 1:4 RVR1960.

Quinta lección: Sin importar lo fuerte que seas o cuánta fe creas tener, Dios nunca intenta que lleves tus cargas solo

Dios nunca tiene la intención que nosotros llevemos cargas más pesadas de lo que podemos soportar y cuando de alguna forma el peso de la carga se hace demasiado pesado, siempre va a proveernos la ayuda de manera oportuna, de modo que podamos llegar al final del camino trazado para nosotros, tal como aconteció con el Señor Jesucristo en el camino al Calvario.

*"Cuando salían, hallaron a un hombre de Cirene
que se llamaba Simón; a este obligaron a que
llevase la cruz".* Mateo 27:32

Dediqué un capítulo de este libro a hablar de los ángeles con piel. Llamo así a todas esas personas que Dios usó, de una u otra forma, para bendecirme, para hacer llegar a mí la ayuda que necesitaba en momentos específicos de este viaje, para ayudarme a sobrellevar la carga cuando ésta ya se hacía, para mí, imposible de soportar.

Si tú, amigo lector, estás pasando por un momento difícil en este momento y sientes que la carga que estás llevando es demasiado pesada para ti, clama a Dios por esa ayuda, confiando en Su promesa que no fallará:

"Bendito sea el Señor, nuestro Dios y Salvador, que día tras día sobrelleva nuestras cargas. Selah".
Salmo 68 :19 NVI.

Ángeles con Piel

Comenté en páginas anteriores de este libro sobre los "ángeles con piel". Por primera vez escuché esta expresión del Misionero Cristiano y Entrenador de Basketball JD Mayo, en una escuela dominical en nuestra iglesia, FCOP Colombia, ubicada en la ciudad de Cartagena, Colombia.

Recuerdo esa mañana, en la que el Coach Mayo predicaba ese mensaje en inglés y yo le interpretaba a español. Su enseñanza sobre los "ángeles con piel" me impactó en gran manera, porque en muchas ocasiones había experimentado ese cuidado de Dios a través de otras personas, pero nunca les había colocado ese rótulo. No obstante, desde ese día comencé de manera concienzuda a agradecer a Dios por cada ángel con piel que colocaba en mi camino para bendecirme.

Es así como en este camino que he recorrido, los ángeles con piel enviados por Dios, no se hicieron esperar. Por eso quise dedicar este capítulo a hablar un poco de ellos, porque, sin lugar a dudas, cada uno jugó un papel en el plan que mi Dios tenía para realizar este milagro y permitir que Su gloria se manifestara en mi vida a través de un milagro de sanidad.

> *"Mis planes para ustedes solamente yo los sé, y no son para su mal, sino para su bien. Voy a darles un futuro lleno de bienestar."* Jeremías 29:11 TLA.

El primer ángel con piel del que hablaré es mi esposo, Iván. A él comencé a manifestar mis primeros síntomas, percepciones, temores y ansiedades. Día tras día y noche tras noche, estuvo allí para apoyarme, para ayudarme a levantar de la cama en las madrugadas cuando el dolor se hacía insoportable, para llevarme a la sala de urgencias cuando yo sentía que no podía seguir en casa, para ser mi paño de lágrimas cuando mi cuerpo y mi alma se derrumbaban por el dolor.

Si, durante aproximadamente dos semanas, ese ángel con piel estuvo allí en casa, sin dormir porque yo no dormía, a mi lado para sostenerme, para escuchar llorar a la que nunca llora, para ver cómo se doblegaba la que parecía indoblegable y para verme levantar en el poder de las fuerzas de Dios para caminar de un lado a otro en nuestra habitación, declarando todas las escrituras bíblicas que me sabía y cantando todas las alabanzas que llegaban a mi mente, para infundirme fe y aliento, en medio de una situación que parecía empeorar cada día. Siguiendo el consejo que nos dejó el apóstol Pablo en su Epístola a los Efesios:

> *"Por lo demás, hermanos míos, fortaleceos en el Señor, y en el poder de su fuerza."* Efesios 6:10 RVR1960.

Sin ese ángel con piel a mi lado, hubiese sido imposible resistir todos los días y noches de dolor que sufrí. Su paciencia y su amor me sostuvieron, cuando era ya imposible que mis propias fuerzas lo hicieran.

Mis padres, Libardo y Atenaida, fueron dos ángeles con piel más que el Señor me regaló y puso a mi lado. Saber que no podía causarles sufrimiento, que no podía revelarles la verdadera condición en la que me encontraba me causaba gran aflicción, pero a la vez me infundía el aliento necesario para resistir esta dolorosa y dura prueba. Cada día me llamaban e indagaban sobre mi estado. Yo me llenaba de valor para decir, estoy mejorando, con un poco de dolor, pero mejor. Yo no podía ser la causante de sus sufrimientos, angustias o preocupaciones. Por ellos, por el amor a mis padres, resistía y podía aplicar la Palabra que dice:

> *"El amor nunca se da por vencido, jamás pierde la fe, siempre tiene esperanzas y se mantiene firme en toda circunstancia."* 1 Corintios 13:7 NTV.

Otros ángeles con piel fueron mis dos hijos y mi sobrina.

Cada mañana se asomaban en mi habitación para saludarme y preguntarme cómo estaba. El sólo hecho de mirar sus rostros llenos de vida, de luz y de alegría, irradiaba eso mismo en mí y me infundían las fuerzas necesarias para no rendirme. Me decía a mí misma: *"A ellos les resta un camino por recorrer, y yo tengo que estar allí, para ser su soporte, su apoyo y para gozarme al ver cómo el propósito de Dios se cumple en sus vidas, apelando a Su promesa para sus hijos. No me puedo perder eso."*

"¡Así es como Dios bendice a todos los que lo obedecen! ¡Que Dios te bendiga desde su templo en el monte Sión! ¡Que veas prosperar a Jerusalén todos los días de tu vida! ¡Que Dios te deje ver crecer a tus hijos y a tus nietos!...!" Salmos 128:4-6a TLA.

Mis hermanos de sangre, tanto los que estaban cerca como los que estaban lejos, esos ángeles con piel que siempre han estado a mi lado para sostenerme cuando siento desfallecer. Ellos son los que saben cómo me siento y mi estado de ánimo con sólo mirarme o escuchar mi voz. Cada llamada, cada mensaje, cada oración, cada visita, cada palabra llena de amor de ellos me sostuvo. Amor verdadero, amor real, amor *ágape*, amor que no espera nada a cambio. Amor que da, sin necesidad de que le pidan, porque de antemano sabe cuál es la necesidad. Esa clase de amor es el que más se necesita en momentos como estos y es el que te ayuda a sanar sin importar cuál sea la enfermedad.

"Tres cosas durarán para siempre: la fe, la esperanza y el amor; y la mayor de las tres es el amor." I Corintios 13:13 NTV.

Junto a mis hermanos de sangre estaban mis cuñados, mis sobrinos y demás familiares, transmitiéndome también su amor y cuidado. Llamadas, mensajes, acompañamientos a la sala de urgencia y durante la hospitalización.

Ellos fueron ángeles con piel en momentos específicos en los que yo los necesitaba. También doy gracias a Dios por cada uno de ellos.

El grupo de intercesión de mi iglesia FCOP Colombia. Sin ellos haciendo el vallado, este recorrido hubiese tenido un final muy diferente. Ellos fueron ese Aaron y ese Hur que sostuvieron mis brazos en alto cuando ya yo no tenía fuerzas y sentía desfallecer. A ellos, se unieron los pastores y misioneros de nuestra iglesia en Estados Unidos, que para este tiempo de prueba se encontraban en su agenda misionera anual aquí en Cartagena, así como otros pastores amigos. Todos ellos son la otra familia que Dios me regaló, ángeles con piel que están siempre allí para mí y por mí.

> *"Y las manos de Moisés se cansaban; por lo que tomaron una piedra, y la pusieron debajo de él, y se sentó sobre ella; y Aarón y Hur sostenían sus manos, el uno de un lado y el otro de otro; así hubo en sus manos firmeza hasta que se puso el sol."* Éxodo 17:12 RVR1960.

Mis tíos paternos, los patriarcas, como los llamamos de manera respetuosa y cariñosa. Ángeles con piel que con cada llamada para preguntar y orar por mí, me llenaban de fe y de aliento. Me transmitían la seguridad que todo saldría bien.

Mi asistente en el hogar, Loraine. Sus cuidados, su preocupación por mí, su paciencia y su disposición para asistirme en todo lo que yo necesitaba, hicieron de éste, un camino menos difícil de recorrer.

Cada personal médico que me atendió: mis cuñados médicos, el neurocirujano, el personal de la clínica donde fui hospitalizada, la neuróloga que dio el grito de alarma y orden de hospitalización, el médico neurólogo que me valoró inicialmente y que fue sabiamente dirigido por el Señor para determinar mi diagnóstico y el tratamiento que se me debía suministrar; así como cada persona que me atendió en la unidad de cuidados intermedios a la que fui remitida y luego en la habitación, la fisioterapeuta que me ayudó en mi proceso de rehabilitación y fortalecimiento de brazos y piernas. A través de ellos, Dios cumplió la promesa que al inicio de mi enfermedad me había dado:

"He aquí que yo les traeré sanidad y medicina; y los curaré, y les revelaré abundancia de paz y de verdad." Jeremías 33:6 RVR1960.

Mis amigos y compañeros de trabajo, que con cada llamada telefónica o cada mensaje, me demostraban su cariño y aprecio, fueron cada uno, en su momento, ángeles con piel que me infundían aliento, me recordaban lo fuerte y valiente que siempre había sido, y me llevaban a descubrir una Mónica que al parecer yo no conocía: aquella Mónica inquebrantable, para la que no existen obstáculos imposibles de superar y de una fe fuerte e indoblegable ante las tormentas de la vida.

Por todos y cada uno de ellos doy gracias a Dios y le pido que los bendiga de una manera especial, cumpliendo la promesa que hizo a Abraham cuando lo llamó:

"Bendeciré a los que te bendijeren, y a los que te maldijeren maldeciré;..." Génesis 12:3 a RVR1960

Un Carácter Inquebrantable

Un diamante es un bien inquebrantable con una identidad única que puede probarse y comprobarse y, por lo tanto, ofrece la máxima seguridad a su propietario. Es un elemento natural único que nunca pierde su valor sustancial intrínseco. De hecho, los diamantes son indestructibles, según indica la etimología de la palabra, que proviene del griego antiguo (Αδάμας = Adamas = «lo que no puede romperse»).

En la mineralogía el diamante significa invencible e inalterable. Se origina del calor, la presión y procesos de billones de años. Es una piedra preciosa conformada por carbono puro cristalizado, que es el más duro y brillante de todos los metales y se forma en condiciones de temperaturas muy altas.

Debido a lo exclusivo que son los diamantes, estas piedras siempre han sido relacionadas con la voluntad de triunfar en la vida, la perfección y la fe. En cuanto a la vida espiritual, se requiere de un tiempo necesario, la verdad de Dios como alimento para el alma, formación y resistencia aún en los más grandes desafíos.

Recuerdo que, en una de las oraciones de madrugada con mis hermanos, en esos días en los que el dolor se hacía más intenso y no había un diagnóstico médico definido, el Señor me habló a través de mi hermana menor y me dijo que a través de esta prueba Él estaba formando no solo en mi sino en toda la familia un carácter inquebrantable.

En mi familia, yo he sido siempre el brazo fuerte que ha ayudado a todos los demás miembros a soportar las pruebas que les han sobrevenido, siempre manteniéndome fuerte e inquebrantable. Quebrarme a mí, era quebrar a toda la familia, era mi pensamiento. Esa era una de las razones por las que cuando mis padres me llamaban para preguntar por mí, yo no les decía lo mal que me sentía o mi condición real.

No obstante, a la vez, ese mismo carácter fuerte, resistente que siempre me ha caracterizado, les daba a todos los que me conocen y seguían de cerca mi caso, la certeza que yo saldría adelante, en mi opinión, quizás desestimando un poco la gravedad de mi enfermedad, lo que sin lugar a dudas jugó puntos a mi favor, pues la fe de ellos se mantenía y, de paso, me sostenían a mí.

Ahora, la pregunta que me surgió fue *¿qué es un carácter inquebrantable?*

Bien, con el tiempo he aprendido que un carácter inquebrantable reposa sobre un fundamento firme, el fundamento de una fe inconmovible, inquebrantable. Una fe inquebrantable fortalece nuestra coraza contra las acechanzas del diablo.

> *"Cualquiera, pues, que me oye estas palabras, y las hace, le compararé a un hombre prudente, que edificó su casa sobre la roca. Descendió lluvia, y vinieron ríos, y soplaron vientos, y golpearon contra aquella casa; y no cayó, porque estaba fundada sobre la roca. Pero cualquiera que me oye estas palabras y no las hace, le compararé a un hombre insensato, que edificó su casa sobre la arena; y descendió lluvia, y vinieron ríos, y soplaron vientos, y dieron con ímpetu contra aquella casa; y cayó, y fue grande su ruina."* S. Mateo 7 :24 - 27 RVR1960.

Si, es esa clase de carácter y fe de la que habló el Señor Jesucristo en el pasaje citado anteriormente. Un carácter que no se mueve, que no cae a pesar de los fuertes vientos, las tormentas y los ríos porque está fundada sobre una roca firme, sobre el Señor Jesucristo, y eso se constituye en una fe genuina, una fe firme y un carácter inquebrantable.

Otra pregunta interesante a la que comencé a buscar

respuesta fue: *¿Cómo lograr ese tipo de fe inquebrantable?* Al leer la palabra de Dios y creer cada promesa contemplada en ella. Al creer cada punto y cada coma que se encuentra en ella. Es así, como Dios nos hace fuertes como la roca. Cuando sus promesas son el fundamento que nos sostiene. La voluntad de Dios es que seamos inquebrantables.

> *¡Te haré inquebrantable como el diamante,*
> *inconmovible como la roca!* Ezequiel 3:9

La otra pregunta lógica que comencé a hacerme fue: "*¿Por qué o para qué Dios desea que se forme en nosotros un carácter, una fe inquebrantable?*"

La clave está en el texto citado de Ezequiel 3:9. Allí el Señor le revela a Ezequiel con qué clase de gente tendría que lidiar, por lo tanto, su frente no podría ser de cualquier material o de cualquier piedra, sino como diamante, la piedra más preciosa y con la frente más fuerte que la de sus enemigos.

La frente de diamante guarda la mente y el corazón del dolor, las palabras hirientes, el desprecio y ayuda a mantener el gozo, la paz y la alegría. Entonces, miro hacia atrás, hacia el sentir de mi papá que todo lo que yo estaba viviendo era producto de un espíritu destructor, hijo de la envidia, y comprendí, entonces, por qué debería tener un carácter inquebrantable. Era por causa de las personas con las que estaba tratando y con las que me tocaría seguir lidiando.

> *"Mas la casa de Israel no te querrá oír, porque no*
> *me quiere oír a mí; porque toda la casa de Israel es*
> *dura de frente y obstinada de corazón. He aquí yo*
> *he hecho tu rostro fuerte contra los rostros de ellos,*
> *y tu frente fuerte contra sus frentes. Como diamante,*
> *más fuerte que pedernal he hecho tu frente; no los*
> *temas, ni tengas miedo delante de ellos, porque son*
> *casa rebelde."*
> Ezequiel 3 :7 - 9 RVR1960.

Entendí entonces que al salir de esta dolorosa y dura prueba debería ser como un diamante. Con carácter, resistencia y fe inquebrantables. Que brille en el lugar que Dios me coloque, sin permitir que mi luz sea opacada por nada ni nadie, porque ha sido Dios mismo el que me ha puesto en esa posición para gloria de su nombre.

Comencé entonces a recordar cada promesa que el Señor me había regalado a lo largo de este viaje, y que, tal vez, aún no había tenido la oportunidad de escribir en este libro.

Si, recordé aquel mediodía cuando regresé de la consulta con el neurocirujano y que por primera vez se dio una aproximación a mi diagnóstico. Mi cuñada me llamó por teléfono y junto con mi hermana menor oraron por mí una oración de un poco más de una hora, en la que Dios pronunció una palabra de bendición a favor de mi sistema nervioso y todo mi organismo:

> *"Y me dijo: Hijo de hombre, ¿vivirán estos huesos?*
> *Y dije: Señor Jehová, tú lo sabes. Me dijo entonces:*
> *Profetiza sobre estos huesos, y diles: Huesos secos,*
> *oíd palabra de Jehová. Así ha dicho Jehová el Señor*
> *a estos huesos: He aquí, yo hago entrar espíritu en*
> *vosotros, y viviréis. Y pondré tendones sobre*
> *vosotros, y haré subir sobre vosotros carne, y os*
> *cubriré de piel, y pondré en vosotros espíritu, y*
> *viviréis; y sabréis que yo soy Jehová."*
> Ezequiel 37:3-6 RVR1960.

También vino a mi mente aquella madrugada en la que oraba con mi hermana menor y el Señor hablaba a mi espíritu y declaraba: *"Largo camino le resta y es necesario que lo camine sobre sus pies"*. Aquella noche en la que el grupo de intercesión de mi iglesia oraba por mí y recibí la Escritura:

> *"Mientras Pedro permanecía preso, la iglesia oraba*
> *constantemente a Dios por él. 6 Pedro estaba*
> *atado con dos cadenas y dormía en medio de dos*
> *soldados. Había más soldados cuidando la puerta*
> *de la cárcel. Era de noche y Herodes había*
> *planeado llevar a Pedro ante el pueblo al día*

siguiente. 7 De pronto, apareció un ángel del Señor. Una luz brilló en la celda, el ángel tocó a Pedro en el costado, lo despertó y le dijo: «¡Levántate rápido!» Entonces las cadenas se cayeron de las manos de Pedro". Hechos 12:5-7 PDT

También aquella reunión de pastores, en la que el pastor principal de nuestra iglesia en USA, el pastor Harry L. Sewell, se puso en pie y dijo que la reunión de ese año no era igual pues una persona que acostumbraba a estar con ellos siempre, este año no estaba. No porque no quisiera sino porque su condición de salud, no se lo permitía. Esa persona es: *"la pastora Mónica"*, dijo.

Seguidamente les pidió a todos los pastores presentes que en acuerdo oraran por mí, todos en una misma mente y propósito. Pidió que nadie se desviara en lo que se iba a pedir al Señor: *"Sanidad total para Mónica, no mejoría, ni recuperación parcial. Sanidad total."*

> *"Otra vez os digo, que, si dos de vosotros se pusieren de acuerdo en la tierra acerca de cualquiera cosa que pidieren, les será hecho por mi Padre que está en los cielos."* S. Mateo 18 :19. RVR 1960.

Y citando la Escritura del Apóstol Santiago que dice:

> *"¿Está alguno enfermo entre vosotros? Llame a los ancianos de la iglesia, y oren por él, ungiéndole con aceite en el nombre del Señor. Y la oración de fe salvará al enfermo, y el Señor lo levantará; y si hubiere cometido pecados, le serán perdonados."* Santiago 5 :14 - 15 RVR1960.

Maravilloso ver como la Palabra de Dios se cumplió en mí y trajo sanidad total a mi organismo al punto que aún los medicamentos para tratar la enfermedad me fueron retirados al no ser ya necesarios.

Todas estas promesas venían una y otra vez a mi mente. Creer esas promesas y descansar en ellas me hacían como ese hombre prudente que construyó su casa sobre la roca y cuando vinieron las lluvias, ríos y vientos permaneció firme.

El consejo final que deseo dejar en tu corazón, mi amado lector, es: *"comienza a pedir a Dios que forje en ti también un carácter inquebrantable"*. Un carácter que se mantenga firme con la confianza y con la fe puesta en Dios, en Su poder y en sus promesas en medio de las pruebas y tormentas que la vida te presente, recordando siempre lo que Él ha dicho en Su Palabra, y saldrás de ellas para dar gloria a Su nombre:

"Cuando pases por las aguas, yo estaré contigo; y si por los ríos, no te anegarán. Cuando pases por el fuego, no te quemarás, ni la llama arderá en ti. Porque yo Jehová, Dios tuyo, el Santo de Israel, soy tu Salvador; ... Porque a mis ojos fuiste de gran estima, fuiste honorable, y yo te amé; daré, pues, hombres por ti, y naciones por tu vida. No temas, porque yo estoy contigo; ... todos los llamados de mi nombre; para gloria mía los he creado, los formé y los hice."

Isaías 43 :2 -5 , 7 RVR1960.

"No temas, porque yo estoy contigo; no desmayes, porque yo soy tu Dios que te esfuerzo; siempre te ayudaré, siempre te sustentaré con la diestra de mi justicia. Porque yo Jehová soy tu Dios, quien te sostiene de tu mano derecha, y te dice: No temas, yo te ayudo."

Isaías 41 :10, 13 RVR1960.

"¡Amén! ¡Gloria a Dios!

El Señor derrame su unción sobre este libro para que todo el que lo lea reciba su milagro y forje su carácter inquebrantable como el diamante e inconmovible como la roca."

Libardo Ospino Paternina